¡Ayúdame con mis Deberes!

Estrategias de Deberes para Padres y Cuidadores

Susan Gingras Fitzell, M.Ed.

Cogent Catalyst Publications

Fitzell, Susan Gingras
¡Ayúdame Con Mis Deberes Por Favor! Estrategias para padres y cuidadores 85 Págs.
ISBN 978-1-932995-13-8

Para más información, contacte con:
Susan Gingras Fitzell
Cogent Catalyst Publications
PO Box 6182
Manchester, NH 03108-6182
603-625-6087

Para información por correo electrónico:
Email: SFitzell@SusanFitzell.com
http://www.SusanFitzell.com
http://www.HighTestScores.org
Facebook: http://www.facebook.com/SusanFitzellfb
YouTube: http://www.youtube.com/susanfitzell
Twitter: http://twitter.com/susanfitzell
Para notas suplementarias e información:
www.aimhieducational.com/inclusion.html
www.thehomeworkguru.com/

Otros libros destacados de Susan Gingras Fitzell, M.Ed.
Special Needs in the General Classroom: Strategies to Make it Work
Free the Children: Conflict Education for Strong Peaceful Minds
Transforming Anger to Personal Power: An Anger Management Curriculum Guide for Grades 6 through 12

DEDICATORIA

Para Ian, quien me enseñó cómo enseñar en casa.

Introducción

La investigación científica reciente ha confirmado que todos tenemos distintas preferencias de aprendizaje y que cada quien aprende mejor mediante varias estrategias. Las investigaciones sobre el cerebro han demostrado que, sin respecto al estilo de aprendizaje, todos asimilamos la información de ciertas maneras específicas. Este libro proporciona unas herramientas sencillas y comprobadas para ayudar a que los niños mejoren su rendimiento académico y hacer más gratificante y productivo el proceso de realizar sus deberes.

Mediante ejemplos y procesos que han resultado verdaderamente exitosos en las salas de clases, este libro ofrece las herramientas útiles que ayudarán a que su niño tenga éxito en cualquier curso académico.

Por la facilidad de lectura, pudiera hacer referencia a "él," "ella," "su niño," "joven" o "estudiante" al azar. Tengo en cuenta que usted pudiera trabajar con un hermano, una hermana, un niño adoptivo, un vecino, un nieto, un hijo, etc. Es posible que algunos entre ustedes trabajen con los estudiantes al nivel universitario o con adultos. Espero que la manera en que he escogido hacer referencia a la "persona quien recibe ayuda con los deberes" sea siempre respetuosa sin importar la relación.

Le agradezco por haber comprado este libro. Me encantaría recibir su retroalimentación acerca de los métodos que le han resultado exitosos igual que cualquier sugerencia que tenga en cuanto a mejoramiento. Sería un gran placer saber sus opiniones.

Susan Fitzell

Cómo el Cerebro Aprende

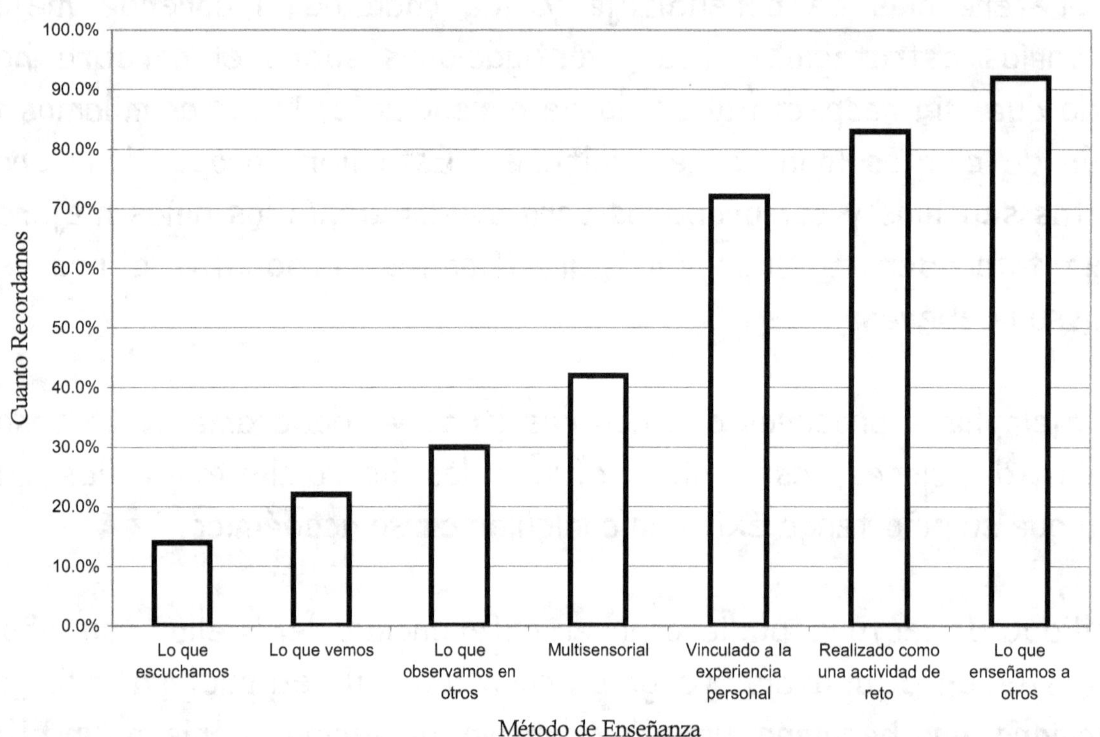

Fuentes:

Dryden, Gordon. Voss, Jeannette. La Revolución del Aprendizaje: Para Cambiar la Forma de Aprender en el Mundo, Tomo, 2001.

Glasser, William. Control Theory in the Classroom. 1r ed. Perennial Library, 1986.

Inteligencias Múltiples / Estilo de Aprendizaje

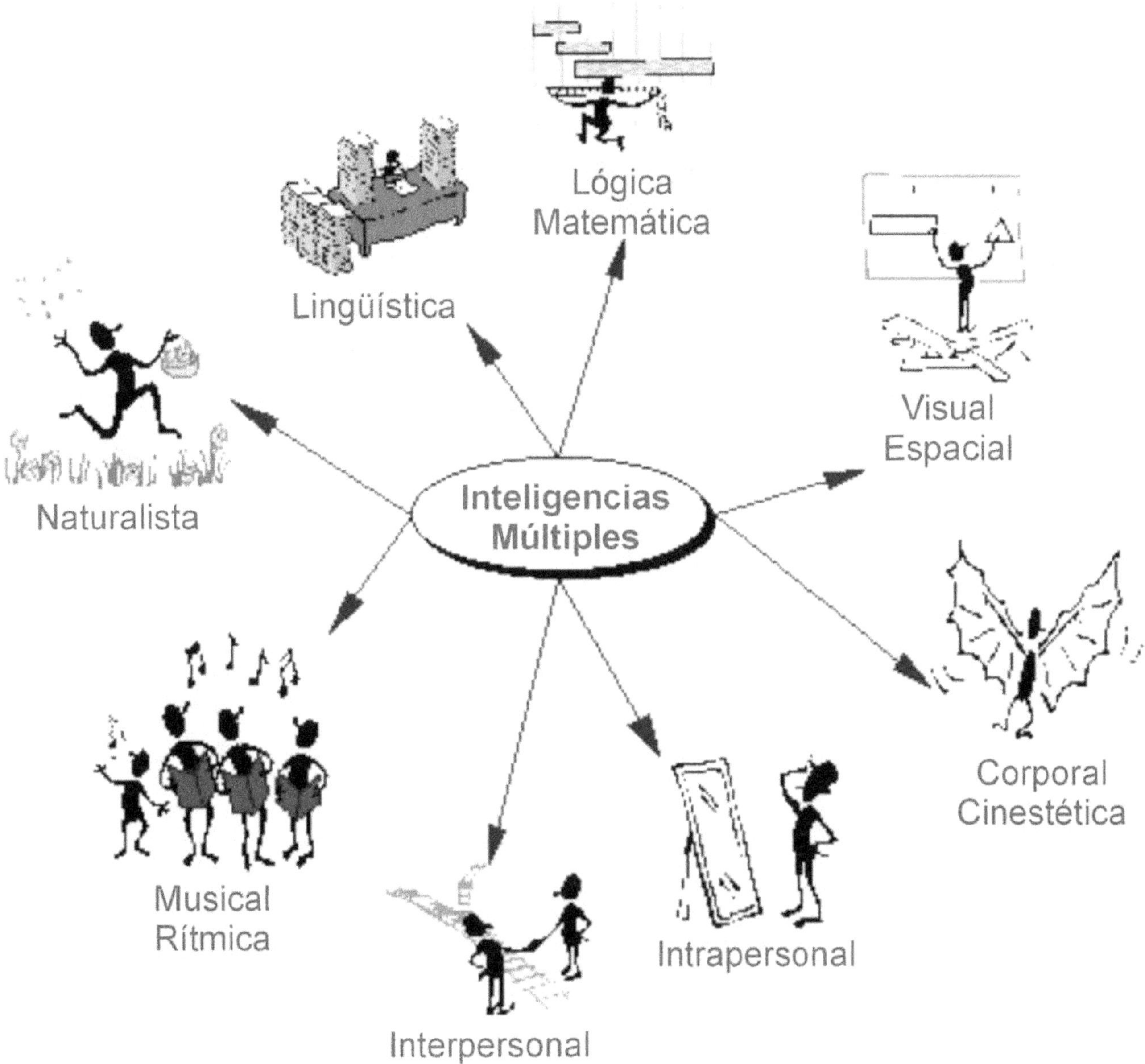

Control de Evaluación para Inteligencias Múltiples / Estilo de Aprendizaje

Instrucciones

Pida que el estudiante lea las declaraciones a continuación para determinar su estilo de aprendizaje. En el caso de un niño muy joven, usted querrá responder de su parte. Usted o el estudiante va a marcar las viñetas que mejor correspondan a sus métodos de aprender. Los cuadros con la mayor cantidad de marcas pudieran indicar su estilo de aprendizaje. Éste no es un examen sino una herramienta para empezar a pensar en la manera en que mejor aprendiera. En las páginas siguiendo la evaluación aparecen unas sugerencias estratégicas para estudiar. Pruébelas. Si algo funciona ¡adelante! Si no, pues pruebe otra cosa.

Lingüístico	Lógico-Matemático
▪ Invento cuentos fantásticos, bromas e historias ▪ Tengo buena memoria ▪ Disfruto de los rompecabezas de palabras ▪ Me gusta leer y escribir ▪ Tengo un buen vocabulario para mi edad ▪ Tengo destrezas de comunicación ▪ Disfruto de los crucigramas ▪ Aprecio las rimas, juegos de palabras, trabalenguas, etc. ▪ Deletreo con exactitud (o si soy de edad preescolar, uso palabras avanzadas para mi edad)	▪ Pregunto sobre el funcionamiento de las cosas ▪ Disfruto de las actividades matemáticas ▪ Disfruto de jugar ajedrez, damas u otros juegos de estrategia ▪ Disfruto de los rompecabezas, especialmente los de lógica ▪ Utilizo las destrezas de razonamiento superior ▪ Me intereso en patrones, categorías y relaciones ▪ Me gusta crear y realizar experimentos ▪ Puedo resolver ecuaciones sin papel (o si soy de edad preescolar, tengo conceptos matemáticos avanzados para mi edad) ▪ Tengo un buen entendimiento de causa y efecto
Corporal/Cinestético	**Visual/Espacial**
▪ Brillo en los deportes o las artes físicas ▪ Me muevo, tamborileo o meneo cuando llevo mucho tiempo sentado(a) ▪ Disfruto desmontar y luego montar las cosas nuevamente ▪ Toco los objetos nuevos ▪ Me gusta correr, saltar o luchar ▪ Me expreso de forma dramática ▪ Disfruto de plastilina y pintura de dedos ▪ Tengo habilidades manuales ▪ Imito ingeniosamente los gestos y afectaciones ajenas ▪ Hablo de varias sensaciones físicas mientras pienso o trabajo	▪ Fantaseo más que mis pares ▪ Disfruto de las actividades artísticas ▪ Me gustan las presentaciones visuales ▪ Disfruto de los rompecabezas y laberintos ▪ Mientras leo, comprendo más desde las ilustraciones que desde las palabras ▪ Garabateo en papeles ▪ Me encantan los juegos de construcción: Legos, K'nex, Capsela, etc. ▪ Invento muchas cosas ▪ Dibujo cosas avanzadas para mi edad ▪ Tengo más facilidad en leer mapas, cartas y diagramas en vez de textos (o si soy de edad preescolar, me gusta mirar las cosas aparte del texto)

Musical/Rítmico	**Interpersonal**
▪ Me doy cuenta cuando la música está desafinada ▪ Me acuerdo de las melodías ▪ Toco un instrumento o canto en un coro ▪ Hablo o me muevo rítmicamente ▪ Tamborileo rítmicamente mientras trabajo ▪ Soy sensible al ruido ambiental ▪ Respondo favorablemente a la música ▪ Canto canciones que he aprendido fuera de la sala de clases ▪ Sé escuchar con criterio ▪ Invento mis propias canciones y melodías	▪ Me gusta socializar con mis pares ▪ Actúo como un líder natural ▪ Doy consejos a mis amigos con problemas ▪ Tengo sentido común (o astucia callejera) ▪ Pertenezco a varios clubes, comisiones u otras organizaciones ▪ Me gusta jugar con los demás niños ▪ Tengo una o más amistades estrechas ▪ Muestro interés por los demás ▪ Percibo y diferencio los humores, intenciones y motivaciones ajenas ▪ Respondo bien a los sentimientos ajenos
Intrapersonal	**Naturalista**
▪ Demuestro un sentido de independencia o la fuerte voluntad ▪ Tengo un sentido realista de mis puntos fuertes ▪ Tengo la capacidad de auto-dirigirme ▪ Prefiero trabajar solo(a) a trabajar en conjunto, soy tímido(a) ▪ Aprendo de mis fracasos y éxitos ▪ Tengo entendimiento y auto-conocimiento ▪ Puedo adaptarme a mi alrededor ▪ Me doy cuenta de mis emociones, virtudes y límites ▪ Tengo la autodisciplina ▪ Sigo mi propio ritmo de vivir y aprender	▪ Me gusta etiquetar e identificar la naturaleza ▪ Soy sensible a los cambios de clima ▪ Tengo la destreza de diferenciar entre las marcas de carros, zapatos deportivos, joyería, etc.

Sugerencias de Aprendizaje Según las Inteligencias Múltiples

Aprendemos mediante todos los estilos de inteligencia, pero tenemos algunas preferencias de aprendizaje que salen más fuertes que otras. Escoja las estrategias que mejor apoyan la preferencia más fuerte del estudiante.

<table>
<tr>
<td>

<u>*Para los Estudiantes Verbales/Lingüísticos*</u>

Estos estudiantes aprenden diciendo, oyendo y viendo las palabras. Pueden memorizar los nombres, fechas, lugares y trivialidades con facilidad. Para ayudar a los estudiantes verbales/lingüísticos:

- Utilice el lenguaje descriptivo
- Sugiera que estudien mediante lectura, escritura, contar relatos, utilizar los rompecabezas de palabras y trabajar con bromas y adivinanzas
- Tienen la habilidad de crear los mundos imaginarios
- Cree sus propios crucigramas de práctica en www.puzzlemaker.com

</td>
<td>

<u>*Para los Estudiantes Lógicos/Matemáticos*</u>

Estos estudiantes tienen las destrezas de categorizar, clasificar y trabajar con patrones y relaciones abstractos. Tienen facilidad con el razonamiento, los números, las abstracciones, la lógica y la resolución de problemas, pasando sin esfuerzos de lo concreto a lo abstracto.

- Compare y diferencie las ideas
- Cree un cronograma
- Clasifique los conceptos/objetos/materiales
- Lea o diseñe los mapas
- Utilice una diagrama de Venn para explicar
- Enseñe mediante la tecnología

</td>
</tr>
<tr>
<td>

<u>*Para los Estudiantes Corporales/Cinestéticos*</u>

La corteza motora del cerebro, la cual controla la moción corporal, es la llave a la inteligencia de los estudiantes corporales/cinestéticos. Estos estudiantes tienen la necesidad de tocar, mover e interactuar en los espacios y asimilan el conocimiento mediante las sensaciones corporales.

- Cree los proyectos táctiles
- Realice los experimentos táctiles
- Cree las esculturas humanas para ilustrar situaciones
- Recree los momentos destacados de la historia
- Utilice las tarjetas de tareas o los rompecabezas

</td>
<td>

<u>*Para los Estudiantes Visuales/Espaciales*</u>

Los estudiantes visuales/espaciales dependen de su vista y la habilidad de visualizar un objeto. Crean las imágenes mentales y aprenden mediante dibujar, construir y diseñar. Apoye el uso de los colores en su trabajo.

- Cree un organigrama o un modelo de memoria de la materia a aprender
- Haga un gráfico de los resultados de una encuesta o de un curso académico
- Diseñe los carteles o folletos
- Cree los montajes
- Dibuje los mapas
- Utilice los códigos de colores para los varios procesos

</td>
</tr>
</table>

Para los Estudiantes Musicales/Rítmicos	*Para los Estudiantes Interpersonales*
Los estudiantes musicales/rítmicos reconocen los patrones tonales. Para el aprendizaje óptimo, sugiera que tarareen o canten la información que quieren entender o que se muevan el cuerpo mientras estudian. ▪ Cree un "rap" o cambie las letras de una canción para memorizar o explicar las fechas claves, la matemática o poemas ▪ Identifique los asuntos sociales a través de las letras de canciones ▪ Haga un análisis de las varias épocas históricas a través de su música ▪ Invente sonidos para los varios procesos y operaciones matemáticas Utilice la música para enriquecer el aprendizaje	Las relaciones de uno a uno y la comunicación son necesarias para los estudiantes interpersonales. Estudian y trabajan mejor con compañeros. ▪ Analice las relaciones en un cuento ▪ Repase la materia, los conceptos y libros verbalmente ▪ Discuta los asuntos controvertidos ▪ Busque las relaciones entre los objetos, culturas o situaciones ▪ Haga un juego de roles, conversando con un personaje histórico ▪ Resuelva los problemas de palabras complejos en grupo ▪ Utilice la educación de pares en el tema a aprender
Para los Estudiantes Intrapersonales	*Para los Estudiantes Naturalistas*
A diferencia de los estudiantes interpersonales, los estudiantes intrapersonales florecen mientras trabajan autónomamente. La instrucción a paso propio y los proyectos personalizados funcionan mejor para estos estudiantes. Sugiera que los estudiantes intrapersonales mantengan un diario, porque tienden a interiorizar sus pensamientos. Poseen un alto grado de auto-conocimiento y cuentan profundamente con sus instintos. ▪ Pida que mantengan un diario para demostrar el aprendizaje ▪ Haga un análisis de los personajes históricos ▪ Motive que se imaginen como un personaje de la historia, un científico que descubre una cura o un matemático que trabaja en una teoría y luego relaten lo que experimentaban para demostrar el aprendizaje	Los estudiantes naturalistas observan y entienden los patrones organizados del ambiente natural. Provéales de las actividades táctiles y de visualización basadas en la naturaleza. Traiga algo del aire libre a su aprendizaje cuando sea posible. Estudie de tales maneras que llamen sus habilidades de medir, mapear y trazar las observaciones de la flora y fauna. ▪ Organice y clasifique los contenidos en relación al mundo natural ▪ Interactúe con la naturaleza mediante las excursiones ▪ Fomente el aprendizaje en un entorno natural ▪ Categorice los hechos

Estrategias para Establecer el Entorno de Deberes

- Provea de un lugar cómodo en donde pueda trabajar sin distracciones
- Si es posible, utilice la iluminación de espectro completo
- Tranquilice la "bestia" de deberes con música a 60 latidos/minuto o menos, la cual:
    - Ayuda en los problemas de atención y la asimilación sensorial
    - Apoya el movimiento corporal coordinado
    - Capta activamente la atención del estudiante
    - Incrementa las ondas alfas y betas del cerebro, las cuales tienen que ver con un estado tranquilo, alerto y listo a aprender
    - Ayuda proveer de un marco para el pensamiento organizado, v.gr. escribir los reportes o las actividades que involucran la planificación

Música Sugerida:

- Flauta de los nativos de América
- Mantra peruano
- Mozart para Aprendizaje (Aviso: Alguna música clásica es demasiado animada. La idea es mantenerla a 60 latidos por minuto o menos.)
- **Enya**
- En general, música instrumental (las palabras cantadas pueden resultar una distracción)

Puede determinar los latidos por minuto utilizando la segunda manecilla de su reloj.

Estrategias para Ayudar en la Memorización

Estrategias de Lápiz y Papel

- Pida que el estudiante escriba la información a memorizar
- Luego que dibuje un cuadro en torno a las palabras, personas y lugares claves (vea el ejemplo abajo)
- Pida que los estudiantes utilicen dos colores distintos mientras trabajan, alternando el color para cada hecho que anotan. El color hace que los hechos resaltan únicamente. Si todas las anotaciones son del mismo color, nada resalta y por eso resulta difícil a recordar.
  - Plumas fosforescentes
  - Plumas, rotuladores, lápices de cera, etc. de varios colores

Para más información sobre los colores y la memoria, vea la página 33.

Estrategias de Conexión Entre el Cuerpo y la Mente

- Utilice el movimiento para aumentar la memoria
  - Represente físicamente las palabras del vocabulario
  - Invente un gesto para representar las personas, lugares o cosas claves
  - Utilice el lenguaje gestual
  - Ortografía mediante baloncesto:
    - Si dispone de una canasta en el camino de entrada, el jardín o la vecindad, haga un juego de deletrear una palabra y luego hacer un tiro. No importan las reglas que invente. Lo que importa en realidad es el movimiento, diversión y reto de la actividad.
    - Si le gusta más el fútbol americano, el fútbol u otro deporte, úselo como la base del juego. Invente sus propias reglas. Mientras que la ortografía, etc. sea parte de la actividad, la misma sería eficaz.
  - Ortografía mediante Saltar y Agrupar:
    - Divida una palabra en "agrupaciones" y salte mientras deletrea cada agrupación.
      V.gr.: Maniobrar
      Ma (salte) nio (salte) brar (salte)

Estudios del Vocabulario Estratégicos

1. Escoja una palabra del vocabulario.
2. Escríbala en un lado de una tarjeta ilustrativa (utilice las fichas, el papel grueso tirado, etc.).
3. Agréguele un cuadro. cuadro
4. Pregunte al estudiante lo que piensa que signifique, así recurrirá a lo que ya sabe.
5. Refuerce la definición correcta.
6. Escriba la definición en el otro lado de la tarjeta ilustrativa.
7. Párese y represente un movimiento para la palabra mientras la deletrea tres veces en voz alta.
8. Reinicie el proceso con la próxima palabra que aparece en la lista del vocabulario.

Si el maestro del estudiante requiere que escriba las palabras tres veces en cursiva, pregúntele si el estudiante puede escribir la palabra dos veces en cursiva y una vez de imprenta en una tarjeta ilustrativa. Explique que usted puede mejor ayudar al estudiante mediante las tarjetas ilustrativas. A algunos estudiantes no les molestaría escribir las palabras cuatro veces. Pero mis hijos, sin embargo, se oponían al trabajo extra y hasta insistían, "¡Pero la maestra dice que tengo que hacerlo de ESTA manera!" Por lo tanto, llegué a un acuerdo con la maestra para permitir que una de las repeticiones se haga en la tarjeta ilustrativa, luego ella les dijo a mis hijos que estaba bien.

Gimnasia Cerebral (Brain Gym®) – Estrategia Cinestética

GIMNASIA CEREBRAL: Un Despertador para el Cerebro[1]

Brain Gym® es una serie de ejercicios, los cuales posibilitan que el cerebro funcione a su mayor capacidad. Las técnicas comprenden de muchas ciencias distintas, basadas por su mayoría en la neurobiología. Se halla que facilitan el aprendizaje para los niños con deficiencias del mismo. No obstante, los resultados de utilizar la Brain Gym® han demostrado que es eficaz para cualquier estudiante. Hasta existe alguna evidencia de que la Brain Gym® se puede utilizar también para los trastornos psicológicos.

Los maestros descubrirán que estos ejercicios mejorarán el rendimiento del estudiante, especialmente antes de hacer un examen, pero funcionan igualmente bien antes de estudiar o asistir a un discurso. También pudieran aliviar el estrés.

¿Cómo funciona esto? La neurofisióloga, Carla Hannaford, Ph.D., en su libro, "Aprender Moviendo el Cuerpo," indica que nuestros cuerpos forman una parte esencial de nuestro aprendizaje, el cual no es una función cerebral aislada. Cada nervio y célula es parte de una red que contribuye a nuestra inteligencia y capacidad de aprender. Declara, "El movimiento activa el cableado neural a través del cuerpo, convirtiéndolo en un instrumento de aprendizaje." Carla sostiene que la "sensación" forma la base de los conceptos, desde los cuales evoluciona el "pensamiento."

---

[1] Adaptado de un artículo escrito por Ruth Trimble (trimble@hawaii.edu)

Mucha de la materia fáctica para este artículo se deriva de "Aprender Moviendo el Cuerpo" por Carla Hannaford, Ph.D. y de Dr. Paul Dennision y su literatura de Eduk®. Por favor haga referencia a los autores en cuanto utilice este material. Doy permiso para utilizar mis datos, pero sólo constan de mis opiniones y mi experiencia práctica limitada y no es mi intención de representar la perspectiva oficial del Brain Gym® o de Eduk® ni de dar permiso para reproducir los ejercicios detallados que los autores han desarrollado sin hacer referencia a los mismos.

Los ejercicios de la Brain Gym® toman en cuenta el carácter bicameral de nuestro cerebro. El cerebro cuenta con un hemisferio izquierdo y un hemisferio derecho, cada uno realizando una tarea distinta. En muchos casos, un lado de nuestro cerebro trabaja más que el otro, dependiente de la tarea que hagamos o de nuestra manera de desarrollar como ser humano. Si ambos hemisferios trabajan plenamente y comparten la información a través del cuerpo calloso, luego existe un equilibrio de función cerebral. Sin dicho equilibrio, siempre habrá algo que no se entiende o no se recuerda. La Brain Gym® participa en integrar los dos hemisferios, proporcionándonos la plena capacidad de resolver problemas o aprender.

Somos también seres "eléctricos" y las neuronas cerebrales trabajan mediante estas conexiones eléctricas. El agua se ha mostrado como la mejor cosa que podemos utilizar para facilitar el proceso racional por su capacidad de conducir la electricidad y ayudar a la función celular. Según dice Carla Hannaford, "El agua compone más del cerebro (con aproximaciones de un 90%) que de cualquier otro órgano del cuerpo." Así, un sencillo trago de agua antes de un examen o antes de ir a clases puede tener un efecto profundo en la disposición de la mente a trabajar. Desafortunadamente, el café y la soda tendrán el efecto contrario, en vista de que desequilibran los electrolitos del cerebro. En su totalidad, pues, los ejercicios que aparecen aquí son diseñados para convertirnos en usuarios del cerebro integral. A continuación se muestran unas maneras sencillas pero eficaces para despertar la mente y ponerla a trabajar conjuntamente y de forma óptima. Antes de hacer alguno de los siguientes ejercicios, ¡TOME un vaso de agua!

LA MARCHA CRUZADA

Este ejercicio ayuda al cuerpo calloso mediante forzarlo a pasar las señales entre los dos hemisferios del cerebro, cruzando el punto medial. El cuerpo calloso consta de un grueso conjunto de fibras nerviosas, las cuales conectan los hemisferios del cerebro, permitiendo que comuniquen entre sí.

1. Puede pararse o sentarse para esto. Extienda la mano derecha a través del cuerpo hasta la rodilla izquierda mientras la levanta, luego haga lo mismo con la mano izquierda hasta la rodilla derecha, como si marchara.
2. Puede seguir haciéndolo así, sentado(a) o parado(a), durante unos 2 minutos.

CONEXIONES

Este ejercicio sirve bien para calmar los nervios antes de un examen o un suceso especial, tal como dar un discurso. Cuando haya nerviosismo o ansiedad, esto tendrá un efecto calmante.

1. Siéntese para esta actividad y cruce la pierna derecha por encima de la izquierda al nivel de los tobillos.
2. Extienda los brazos palmas abajo y cruce la muñeca derecha por encima de la izquierda. Rote los brazos para unir las palmas y enlace los dedos.
3. Ahora rote las manos apretadas hacia abajo, cumpliendo 270 grados hasta que descansen sobre el esternón en el centro del pecho.
4. Mantenga esta posición.
5. Toque el paladar con la lengua.
6. Aspire por la nariz y exhale por la boca, respirando lentamente y profundamente desde el diafragma.
7. Mantenga los tobillos y las muñecas cruzadas y respire con regularidad, manteniendo esta posición, durante unos minutos.
8. Después de entonces, se notará una sensación de tranquilidad.

Ruth Trimble declara, "Mis estudiantes han mejorado sus calificaciones en los exámenes gracias a la Brain Gym®. Algunos niños consiguen las calificaciones más altas de las que he visto durante los seis años pasados, utilizando los mismos métodos de tamizaje y ensayo. Los que utilizan la Brain Gym® logran mucho más."

Enseñarnos

- Usted y el estudiante serán compañeros.
- Prenda el temporizador con 1-2 minutos.
- Pida que el estudiante le enseñe una cosa a usted desde sus deberes o lo que aprendió hoy en clases, etc.
- Prenda el temporizador nuevamente con 1-2 minutos.
- Enseñe al estudiante una cosa desde sus deberes, tareas de clases, etc. (Escoja algo desde sus materiales de estudiar que no sea la misma cosa que acaba de enseñarle a usted.)
- Realice una ronda demás.

La Música como Estrategia

El cerebro asimila y recuerda la música de una manera distinta de la que utiliza para asimilar y recordar las palabras habladas y los símbolos. Utilizar la música para memorizar la información es una estrategia altamente eficaz que no se aprovecha al grado que debería. Los anunciantes utilizan la música en las canciones publicitarias para promocionar sus productos. Lo hacen porque esas canciones nos provocan recordar su producto mientras hacemos las compras. Los padres pueden utilizar esta estrategia con sus niños para ayudarles a memorizar la información clave que necesitan para los exámenes, las pruebas y el conocimiento general. Los niños de tan sólo dos años pueden aprender a recordar su nombre, dirección y número telefónico con la música. El cantar es una herramienta poderosa de la memoria.

- Vincule las melodías viejas con los nuevos conceptos
  - Cante los verbos auxiliares a la melodía de una canción infantil
  - Escoja una canción popular y reescriba las letras para corresponder a la información a memorizar
  - ¡Rapéelo! ¡Grítelo! ¡Déle palmadas!

Aquí tiene unos ejemplos:

- En la casa de Pinocho todos cuentan hasta ocho,
  Pinuno, Pindos, Pintres, Pincuatro,
  Pincinco, Pinseis, Pinsiete ¡Pinocho!

- Siete días se metieron en una manzana
  Lunes, martes, miércoles, jueves, viernes, sábado y domingo
  Un gusano distraído vino y se comió la semana.

Mapeo Mental/Mapas Gráficos/Organizadores Visuales

Empecé a utilizar el mapeo mental después de haber leído *Puedo Verlo Desnudo: Las presentaciones en público despojadas de temor* por Ron Hoff (1999). Mi primera presentación se dibujó como un juego de mesa de colores con una ruta a seguir y flechas e imágenes de lo que iba a hacer. Me acuerdo de pensar cuánto más fácil era en vez de usar las fichas con el texto escrito. Además este método era menos restrictivo. No me sentía forzada a leer las cartas, sino solamente veía la imagen y luego procedí de memoria. Esto me salvó de estar ligada a un guión.

La técnica funcionó tan bien para mí que empecé a extender la idea hacia mis esfuerzos como maestra. **Mientras les leía selecciones de textos a mis estudiantes, dibujé los sucesos en papel de formato tanto gráfico como de mapa.** Interponía varias cancioncillas y exclamaciones de pasión al esfuerzo para que lo que leía se destacara en su memoria. Dado que mis estudiantes eran adolescentes, a menudo me veían exclamando, "¡Estás loca!" y mi respuesta preparada siempre era, "Sí, es verdad, pero por eso van a acordarse de esto." Y así resultó.

Los niños mejor aprenden y se acuerdan de los mapas mentales si los crean desde sus propias imágenes y diseños mentales. Vea los ejemplos a continuación.

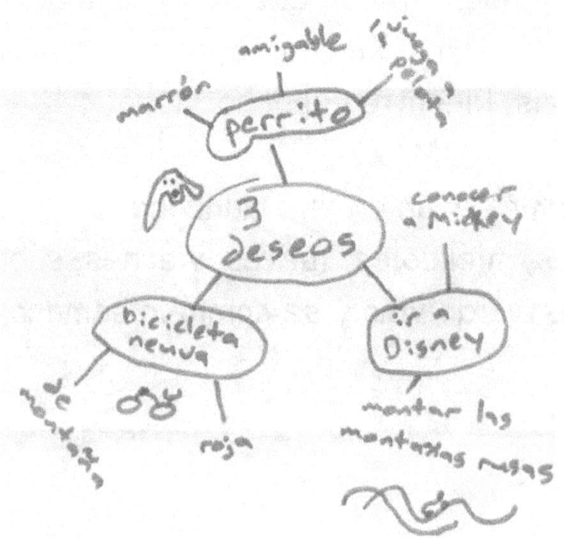

Cuando los niños cometen errores de ortografía en esta fase del proceso creativo, tómelos en cuenta, pero luego déjelos al lado. Corregir la ortografía de un niño mientras crea le motivará a abarrotar la memoria funcional de reglas, dejando poco espacio en donde surgir con ideas creativas. Por lo tanto, corrija la diferencia entre "hecho" y "echo" más tarde.

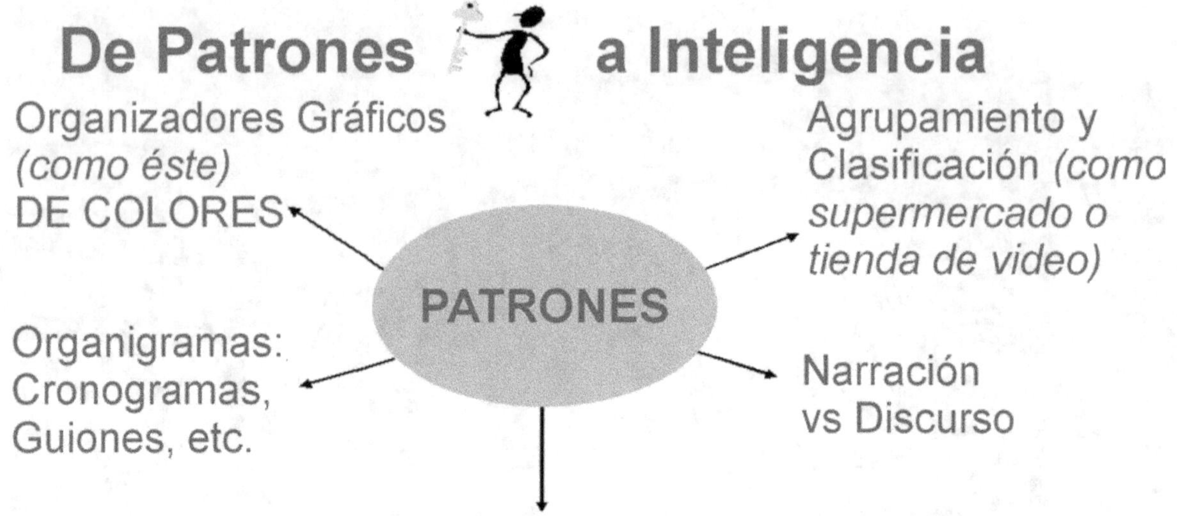

Mecanismos Mnemónicos [2]

Mnemotécnico: n. Un mecanismo, tal como una fórmula o rima, que sirve para ayudar a recordar.

El mnemotécnico, o sea la ciencia y arte de ayudar a la memoria, es un concepto antiguo. Muchas personas cuentan con los mecanismos mnemónicos para ayudarles a acordarse de lo que han aprendido o lo que necesitan recordar, desde la lista del mercado hasta los nombres de personas, reyes, reinas o presidentes. Lo que funciona para una persona quizás no funcione para otra. Los siguientes cinco mecanismos de memoria ayudarán a retener la información.

Unos ejemplos de mnemotécnicos:

- **M**ás **V**ale **T**ener **M**enos **J**ardines **S**i **U**rgentemente **N**ecesitamos **P**apas: El orden de los planetas (**M**ercurio, **V**enus, **T**ierra, **M**arte, **J**úpiter, **S**aturno, **U**rano, **N**eptuno, **P**lutón) – teniendo en cuenta que desde 2006, el Plutón se considera como un planeta enano
- **V**ictoria **R**eina de **I**nglaterra: Ley de Ohm: **V** = **RI** (**V**oltaje iguala **R**esistencia por **I**ntensidad)

Los mejores son los inventados por el estudiante porque tienen significado para él o ella.

---

[2] Adaptado desde la obra de Michael DiSpezio, el autor de *Pasatiempos Logicos: 99 Desafios a la Capacidad Intelectual* (Susaeta Ediciones, 1999).

Asociaciones

Desarrollar de asociaciones es una estrategia familiar que se utiliza para recordar la información mediante ligarla con otros datos más conocidos.

Por ejemplo, memorizar una serie de cifras aparentemente al azar sale fácil cuando esta serie se trata de su fecha de nacimiento o su dirección.

Desarrollar de asociaciones también es útil para acordarse de nueva información.

Rima

Las rimas y cancioncillas son mecanismos poderosos de la memoria. Piense en las veces que se ha utilizado la rima, "A la vaca está acá..." para memorizar los vocales.

Para utilizar la Técnica de Rimas ¡sólo hay que inventar una rima para acordarse de lo que quiera recordar! ¡Es divertido! Si tiene el don de música, hasta puede inventar canciones enteras para ayudarle a recordar largas series de información importante.

Ejemplo:

A la vaca está acá
E la vaca ya se fue
I la vaca hizo achís
O la vaca se durmió
U la vaca hizo ¡muuuuu!

Agrupamiento

Mientras recitan un número telefónico o de Seguro Social, muchas personas están dispuestas a decirlo en tres pedazos. Por ejemplo, el primer y el segundo pedazo de un número telefónico constan de tres cifras y el tercer pedazo contiene cuatro cifras. Agrupar las cifras hace que una serie sin sentido sea más fácil a recordar. ¿Puede pensar en otras series de cifras que frecuentemente se agrupan?

800-566-3712

El agrupamiento también es una estrategia excelente para recordar cómo deletrear las palabras.
Aquí tiene un ejemplo de agrupamiento:

ma NIO bra

Otros ejemplos:

A GRUPA MIENTO
EX POSICIÓN
ROMPE CABEZAS
RASCA CIELOS

Acrónimos

Un acrónimo (también conocido como "las siglas") es una palabra conformada de la letra o letras de inicio de las partes de un nombre o una organización.

Por ejemplo:
ONU significa la Organización de Naciones Unidas
RAE significa la Real Academia Española
OPS significa la Organización Panamericana de la Salud
FIA significa la Federación Internacional de Automovilismo

También se puede inventar los acrónimos para ayudar a recordar la información. Piénselo como una palabra o frase "divertida" en donde cada letra significa la primera letra del asunto a recordar.

Acrósticos

Un acróstico es una estrategia de memoria parecida a un acrónimo, pero utiliza las letras de inicio de las series de palabras, las líneas o los versos para formar una frase memorable. A veces la frase no tiene sentido ilo cual, sorprendentemente, pudiera ayudarle a recordarla!

Aquí tiene uno:

Árbol de palabras
Cordón de versos
Racimo de imaginación
Osas ser distinto
Sí que lo eres
Tomas palabras del mundo
Intentas enamorar
Compartes tu desdicha
O tu felicidad.

Ejemplo de mnemotécnicos en combinación con imágenes significativas que utilizan las asociaciones:

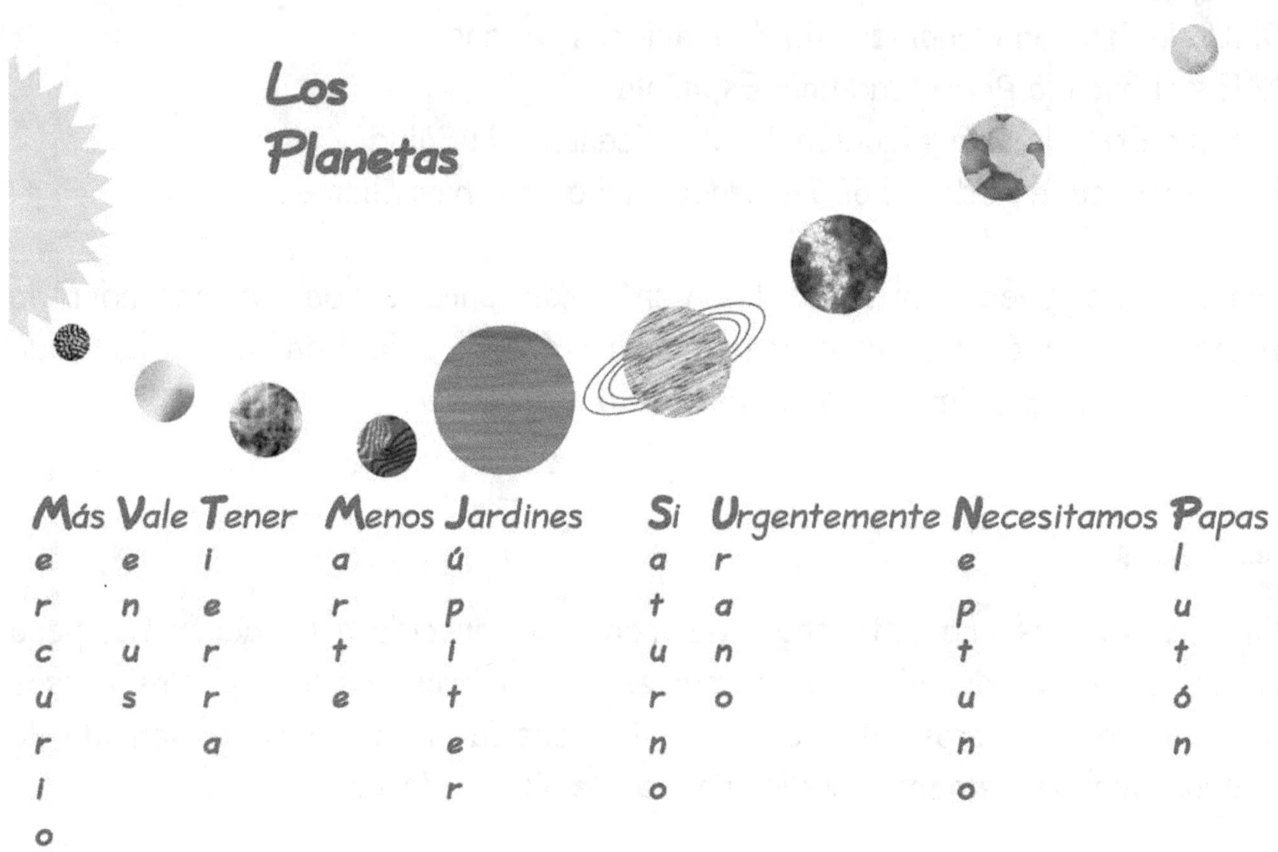

Ley de Ohm

Victoria **R**eina de **I**nglaterra

o		e		n
l		s		t
t	=	i	X	e
a		s		n
g		t		s
e		e		i
		n		d
		c		a
		i		d
		a		

Uso del Papel de Calculadora para Recordar Series

Utilice el **papel de calculadora** para crear un guión, cronograma o serie visual a memorizar.

Instrucciones:
Mientras el estudiante lee un libro de texto o una historia, dibuja ilustraciones de la información importante (los personajes, lugares, sucesos, etc.) en un papel de calculadora en el orden en que aparece.

Por ejemplo, cuando el estudiante lee acerca de cómo los Lakota utilizaban las indicaciones, dibuja una ilustración de lo mismo en el papel. Luego, se describen en el capítulo los tipos de información que anotaban, tal como las posiciones del sol, la luna y los sitios vecinos, etc. El estudiante dibuja y etiqueta esa información en el mismo orden en que aparece o se describe en el libro de texto. Vea los ejemplos abajo.

Ahora el estudiante tiene un cronograma o guión en el orden secuencial de los sucesos del libro de texto o de la historia. Esta herramienta de memoria visual le ayudará a recordar la información en el orden en que "pasó."

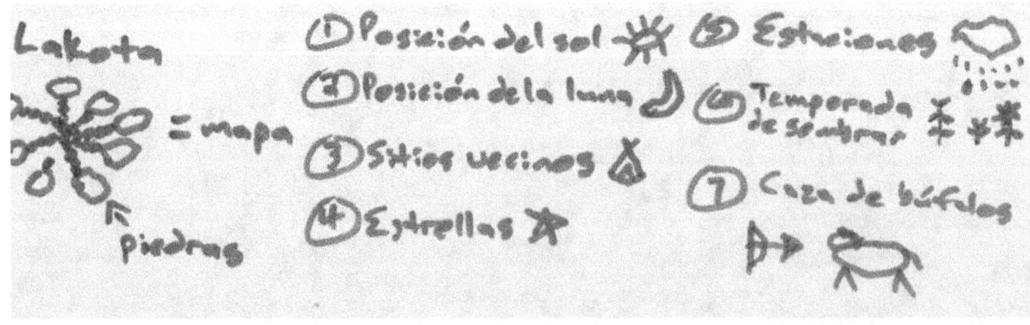

Colores y Memoria

Dicho sencillamente, recordamos mejor lo que vemos en colores que lo que vemos en blanco y negro. Según dice Eric Jensen en *Cerebro y Aprendizaje* (2004), nos acordamos primero de los colores y luego de los contenidos. Los colores nos afectan al nivel tanto psicológico como fisiológico.

- Agregue colores al papeleo de deberes
- Cuando toma apuntes, alterne dos colores para cada nota individual
- Cuelgue unos carteles de colores en las paredes para reforzar los conceptos que se aprenden.

Según la investigación, los colores comunican con más eficacia que el blanco y negro. ¿Cuánto más eficazmente? Esto es lo que demuestran las investigaciones:

- Imágenes de colores aumentan la disposición a leer por hasta un 80%.[3]
- Utilizar los colores puede aumentar la motivación y participación por hasta un 80%.[3]
- Los colores enriquecen el aprendizaje y mejoran la retención por más que el 75%.[4]
- Los colores influyen el 60% de la aceptación o rechazo de un objeto y son un factor crítico del éxito de cualquier experiencia visual.[5]

El Significado de los Colores

- Rojo – Un color agradable y emotivo, el cual puede estimular el hambre o excitar y perturbar al individuo.
- Amarillo – El primer color que el cerebro distingue.
- Azul – Tranquiliza a una persona tensa y aumenta la sensación de bienestar.
- Verde – Un color calmante, igual que azul.
- Marrón – Promueve una sensación de seguridad y relajación y reduce el cansancio.

---

[3] The Persuasive Properties of Color; Ronald E. Green; Comunicaciones de Mercadeo, Octubre 1984.
[4] Loyola University School of Business, Chicago, IL., presentado en el Advisor de Hewlett-Packard, Junio 1999.
[5] El Poder del Color; Dr. Morton Walker; Arkano Books; 1998.

El Método "Fitz-spell" para Estudiar las Palabras a Deletrear

Opción 1:
Utilice las reglas de fonemas para determinar las letras que deberían estar **resaltadas**.

Estas tarjetas en realidad se realizaron con rotuladores de colores. Todas las ilustraciones utilizadas en esta guía originalmente eran de colores.

Pudiera encontrar las reglas de fonemas mediante recurrir a un motor de búsqueda en el Internet, tecleando "reglas de fonemas," o en un libro de fonemas disponible en el biblioteca o una librería.

Opción 2:

Examen preliminar

Los errores en el examen preliminar pueden determinar las letras que deberían estar **resaltadas de colores**.

Teoría: Haga que el error de ortografía corregido resalte, así para no volver a cometer el mismo error.

1. Cuando sea posible, agregue los recortes de "clip art" para visualizar la palabra.
2. Utilice los rotuladores de colores claros y con buen contraste para diferenciar.
3. Agregue cualquier otro símbolo, pista, etc. para hacer la palabra más memorable.
4. Escriba las palabras de IMPRENTA en las FICHAS.
5. Practique mediante repasar las fichas 2-3 veces cada día durante los cuatro días antes del examen de ortografía. Aparte las fichas que necesita estudiar más. Sólo hay que repasar las fichas con palabras que resultan fáciles a deletrear una vez al día.

¡Buena suerte! Es probable que pronto se vea una mejora significativa en las calificaciones de los exámenes de ortografía.

Correspondencia de Tres Cartas: Estrategia de Repaso

Materiales

- Fichas
  - Para las fichas, escoja tres de los siguientes colores: rosado, verde, azul, amarillo o blanco
  - Si sólo tiene las fichas blancas o papel blanco, asígneles un código de colores. Por ejemplo:
    - Ponga un punto o raya amarilla en las fichas con palabras
    - Ponga un punto o raya verde en las fichas con imágenes
    - Ponga un punto o raya rosada en las fichas con definiciones...y tal y tal
- Imágenes
  - Del asunto a repasar
  - Relacionadas al concepto a repasar
  - O imágenes mnemónicas para formar una asociación

Instrucciones

1. Descomponga lo que hay que memorizar en tres conceptos, hechos, imágenes o significativos relacionados.
2. Cada ficha debería contener un solo asunto. (Vea el ejemplo abajo)

e · le · fan · te

Un mamífero enorme con una **nariz muy larga, conocida como la "trompa."**

3. Etiquete el revés de cada ficha de una serie con un número para que los niños puedan voltearla y auto-corregirse.

Por ejemplo:

Las fichas con la palabra "elefante," la imagen del mismo y su definición todas llevarían el número 1 al revés.

Las fichas con la palabra "cebra," la imagen de la misma y su definición llevarían el número 2 al revés, etc.

Sugerencia: Los niños pueden confeccionar estos conjuntos utilizando las fotocopias de las originales. Vea los ejemplos de sencillas copias maestras en las siguientes páginas. Se hicieron con un procesador de textos mediante la función de "tablas." Así los niños simplemente cortan las piezas y las pegan a las fichas.

Hay niños quienes simplemente no tienen la letra legible. No recomiendo forzar que los niños escriban las fichas a mano, a menos que puedan hacerlo claramente y legiblemente sin pasar un tiempo excesivo en realizar la tarea. Las fichas deben llevar las letras de imprenta para conseguir la mayor retención de memoria. Evite las letras cursivas.

Opciones de uso:

- Los niños solos pueden encontrar las fichas que correspondan como forma de repaso
- Los niños pueden trabajar con un compañero para encontrar las fichas que correspondan

La investigación indica que más aprendemos mientras les enseñamos a otros. Cuando dos personas trabajan en equipo para estudiar, se enseñan una a la otra.

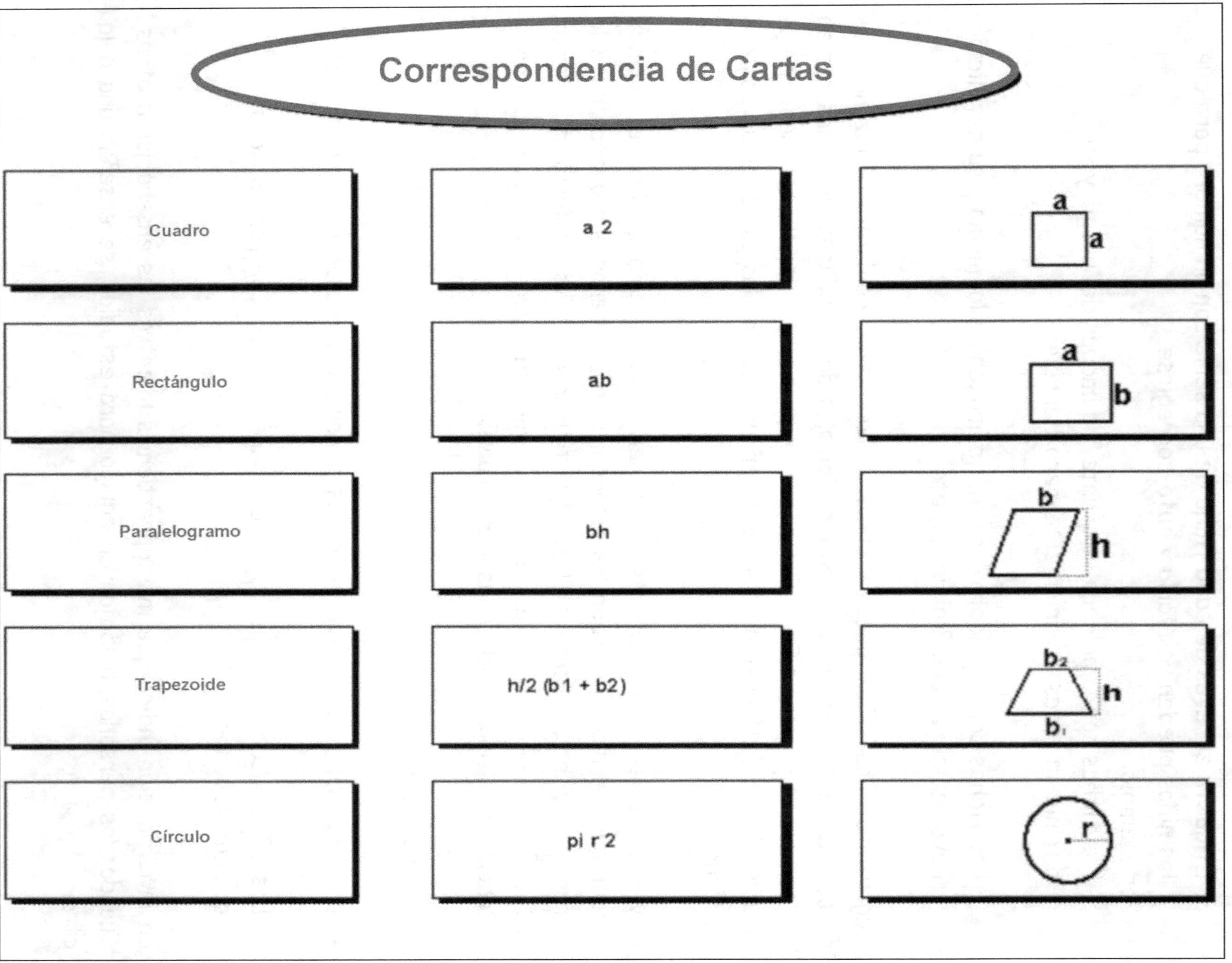

Correspondencia de Cartas
Cuadro
a 2
a
a
Rectángulo
ab
a
b
Paralelogramo
bh
b
h
Trapezoide
h/2 (b1 + b2)
b2
h
b1
Círculo
pi r 2
r

Palabra	Imagen	Definición
El folium de Descartes	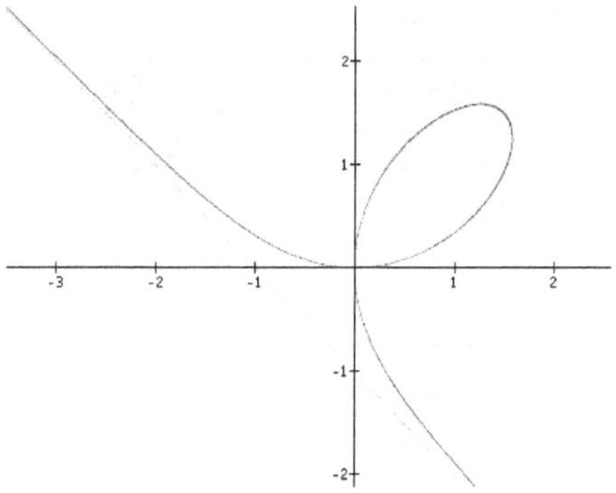	x^3 + y^3 == 3x*y
Piriforme	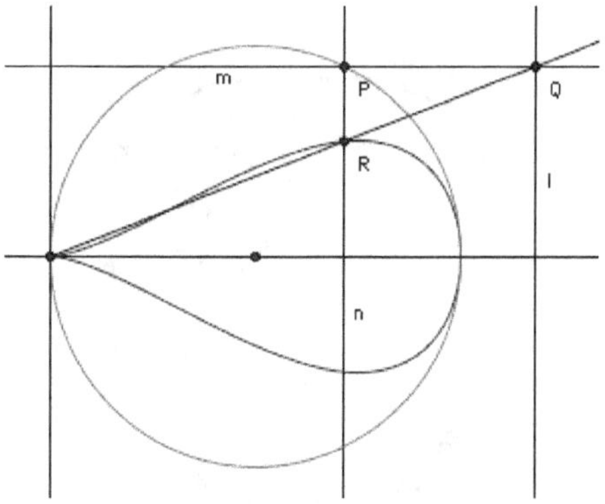	Paramétrico: {1,Sin[t]/h} * (1+Cos[t]). El período es 2 π.
e-le-fan-te		Un mamífero enorme con una **nariz muy larga, conocida como la "trompa."** Tiene los colmillos curvados, las orejas inmensas y caídas y cuatro piernas largas y gruesas.

Ce-bra		Un mamífero grande con el **pelaje rayado**, las piernas largas y los cascos. Es relacionada genéticamente a los caballos pero tiene las crines más cortas.
Ma-**mí**-fe-ro		Animal de **sangre caliente** con pelaje o pelo en su piel y un esqueleto interno.
cé-lu-la		Una unidad pequeña de vida animal o vegetal con un núcleo y rodeada de una membrana muy fina.
mi-to-**C**on-dria		Cualquier de las estructuras pequeñas **de forma varilla o hilo** que se encuentran en la mayoría de los animales y plantas, las cuales procesan la comida para su energía.

nú-cleo	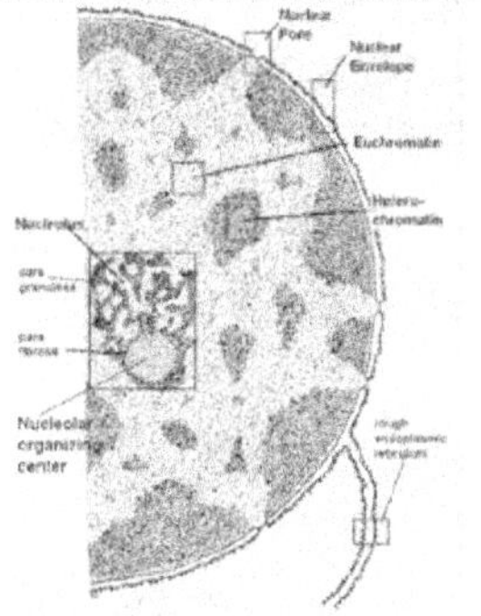	La parte de una célula que **contiene los cromosomas**, los cuales controlan el crecimiento y la reproducción de la mayoría de los seres vivos.
Me-se-ta	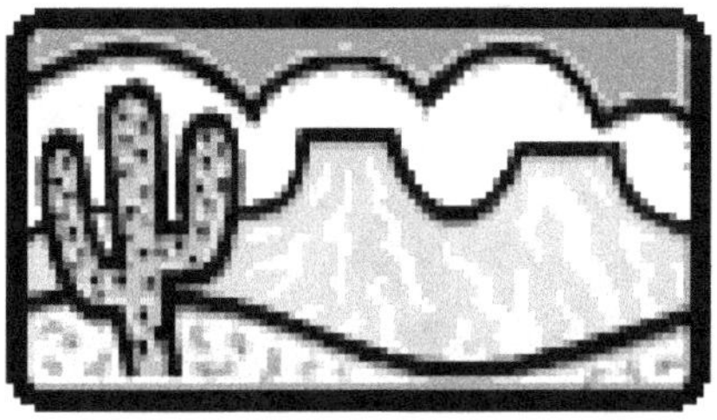	Un área de tierra alta y plana.
Va-lle	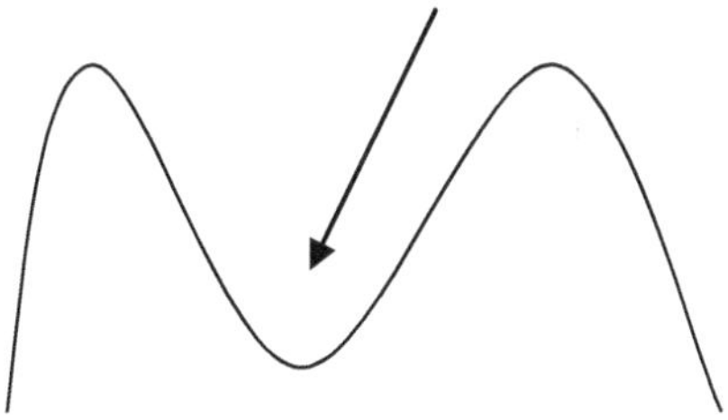	Un área larga de tierra baja entre las montañas o los cerros. A menudo un arroyo o río pasa por un valle.
Palabra	**Imagen**	**Definición**

“¡No sé qué escribir!”

Actividad de Agrupamiento

La actividad de agrupamiento expuesta en las siguientes páginas ayuda tanto a que los niños jóvenes escriban un ensayo como que los adultos jóvenes rellenen las solicitaciones de ingreso universitario.

Actividad de Agrupamiento – Primer Paso

a. Si su niño tiene que escribir un ensayo, pida que dibuje un gran círculo en un papel.

b. Dile que ponga el tema del ensayo en medio del círculo. Tome en cuenta: Si no hay más que un solo tema, pudiera tener un solo círculo (si va a escribir sobre tres deseos, se requerirán tres círculos: uno para cada deseo).

c. Pida que su niño escriba cualquier pensamiento, idea o sentimiento acerca del tema en el círculo. Uno también puede hacer preguntas en cuanto al tema o dibujar imágenes de las ideas.

d. No se preocupe de la ortografía, gramática, frases, etc. en este momento. El propósito es sacar las ideas. Preocúpese de las reglas de escritura más tarde.

Haga este círculo GRANDE, al menos el tamaño de un papel de 8 X 8 pulgadas.

e. Después de que su niño ha "creado" dentro del círculo, déjelo compartir con usted lo que ha escrito.

Agrupamiento - Paso Dos

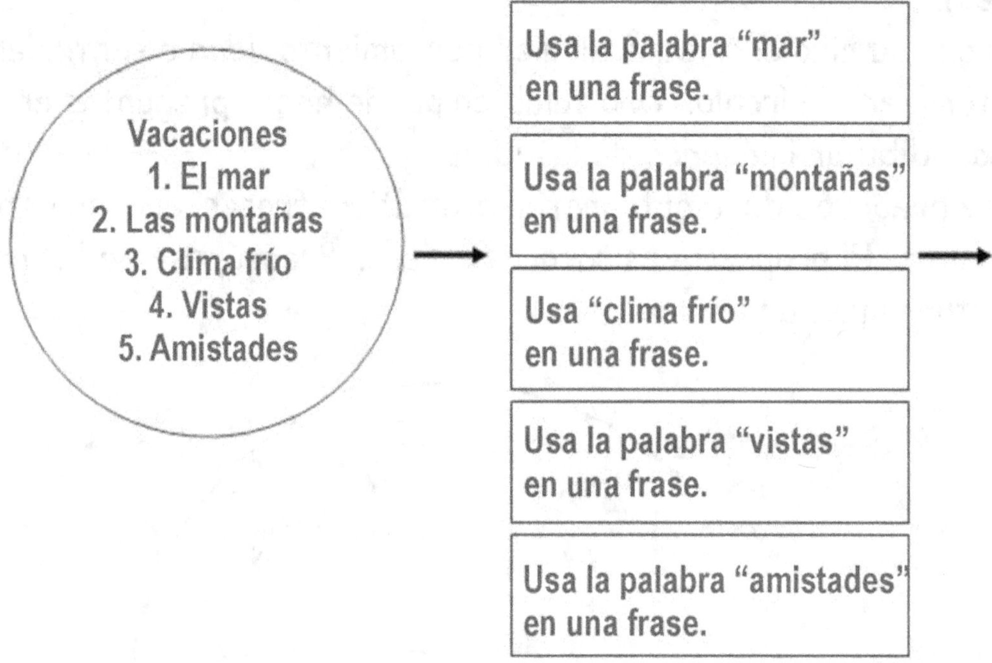

a. Pida que su niño saque las "mejores" palabras e ideas de adentro del círculo para utilizar cada palabra en una frase.
b. Las mismas serán las oraciones principales de los párrafos que va a escribir.
c. Pida que escriba las frases en tiras de papel rayado o en las notas adhesivas rayadas.

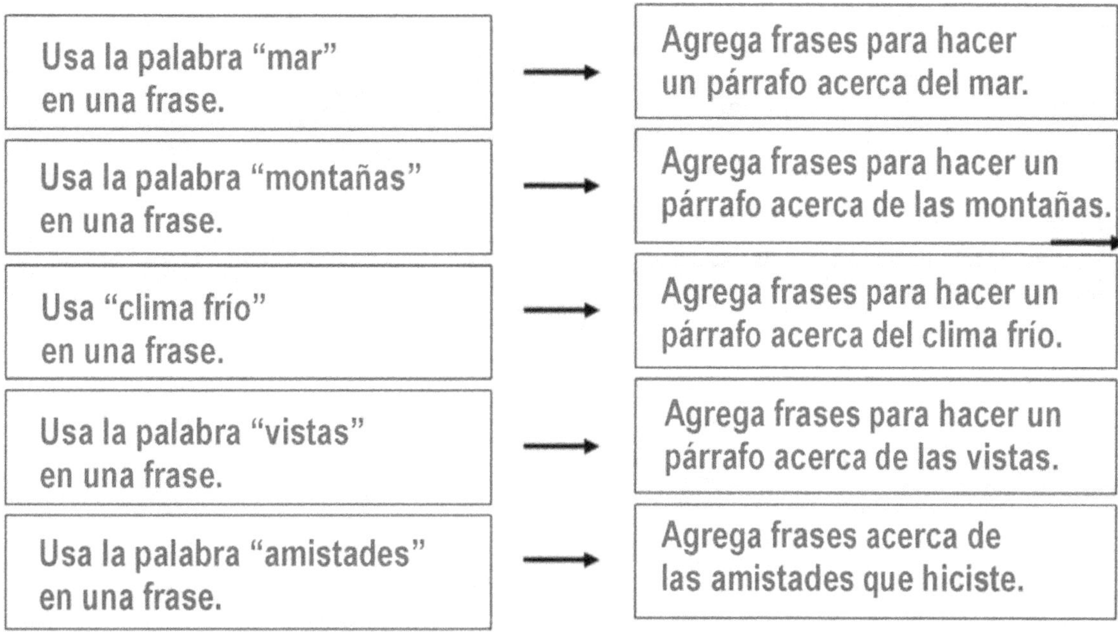

a. Ahora, a cada oración principal pida que le agregue más frases relacionadas en la misma tira de papel.
b. Debería intentar escribir dos o tres frases demás acerca de la oración principal.

*TENGA EN CUENTA: No se preocupe de la ortografía, gramática o puntuación en esta fase del ejercicio. Preocuparse de las reglas impide la creatividad.

Agrupamiento - Paso Cuatro

Agrega la introducción

Agrega frases para hacer un párrafo acerca del mar.

Agrega frases para hacer un párrafo acerca de las montañas.

Agrega frases para hacer un párrafo acerca del clima frío.

Agrega frases para hacer un párrafo acerca de las vistas.

Agrega frases acerca de las amistades que hiciste.

Agrega

Agrega la conclusión

Luego, pida que agregue una introducción y conclusión en distintas tiras de papel rayado.

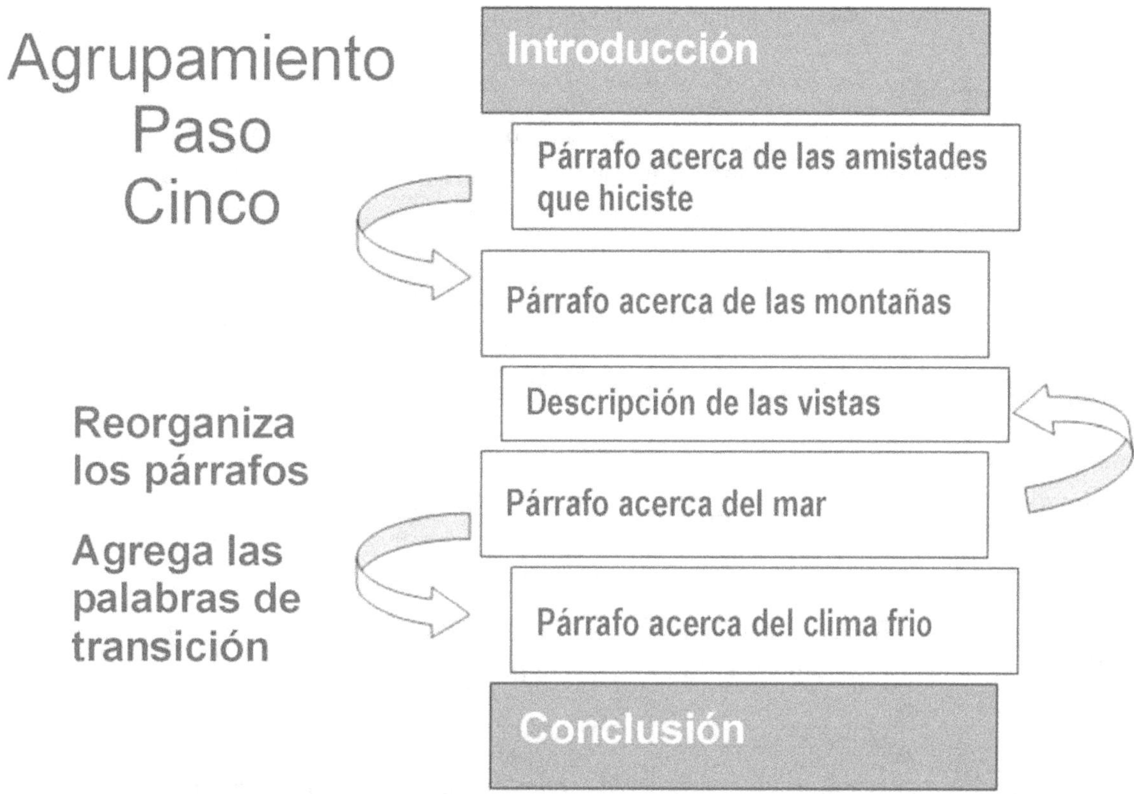

a. Luego, pida que coloque y recoloque los papeles para que el ensayo tenga el mejor orden y sentido.
b. Este proceso permite que el escritor comience con cualquier parte del ensayo. Así se libera el pensamiento creativo, proporcionando un motivo para empezar el proceso. Organizar el ensayo después de haber escrito los párrafos sale fácil.
c. Se puede pegar todas las tiras a uno o dos papeles grandes con cinta adhesiva.
d. En este punto hay que agregar unas palabras de transición para que los párrafos fluyan uno hacia el otro.

Ejemplos de las palabras de transición:

Para agregar:
Y, igualmente, luego, aparte, de igual importancia, por fin, por otra parte, además, ni, también, entonces, de último, es más, adicionalmente, en adición, primero (segundo, etc.),

Para hacer comparaciones:
Mientras que, pero, aun, por una parte, sin embargo, no obstante, por otra parte, al contrario, en comparación, en donde, en cambio, al lado de, aunque, en vez de, mientras tanto, después de todo, en contraste, aunque sea verdad

Para comprobar:
Porque, por, en vista de que, por lo tanto, obviamente, evidentemente, además, es más, aparte, de hecho, por cierto, en adición, en cualquier caso, es decir

Para demostrar excepción:
Aún, todavía, sin embargo, no obstante, a pesar de, claro, por supuesto, de vez en cuando, a veces

Para indicar el plazo:
De inmediato, después de entonces, pronto, pasadas unas horas, por fin, luego, más tarde, previamente, anteriormente, primero (segundo, etc.), próximamente, entonces

Para repetir:
En concreto, como he dicho, como he comentado, como mencionado anteriormente

Para enfatizar:
Definitivamente, extremadamente, obviamente, de hecho, por cierto, en cualquier caso, absolutamente, positivamente, naturalmente, sorprendentemente, siempre, para siempre, perennemente, eternamente, nunca, enfáticamente, incontestablemente, sin duda, ciertamente, innegablemente, sin reservas

Para mostrar el orden:
Primero, segundo, en tercer lugar (y tal), A, B, C (y tal), próximamente, luego, a continuación, en este momento, ahora, a esta hora, desde, después de entonces, subsecuentemente, finalmente, consecuentemente, previamente, antes, a la vez, simultáneamente, así, por eso, por lo tanto, entonces, pronto

Para dar un ejemplo:
Por ejemplo, en este caso, en otros casos, en esta ocasión, en esta situación, fijarse en el caso de, demostrar, ilustrar, como ilustración

Para resumir o cerrar:
En concreto, por su mayoría, resumido, para concluir, como he demostrado, como he dicho, así, de acuerdo, como corresponda, como resultado, consecuentemente, al final

Agrupamiento
Paso
Seis

Introducción
Párrafo acerca de las amistades que hiciste
Párrafo acerca de las montañas
Descripción de las vistas
Párrafo acerca del mar
Párrafo acerca del clima frío
Conclusión

Reescribe o teclea los textos en una versión continua en papel regular.

Presenta el borrador al maestro para que lo corrija.

Si el maestro no va a corregir el borrador, usted pudiera ayudar a su niño con este paso.

Agrupamiento
Paso
Siete

Escribe la versión final, incorporando las correcciones, retroalimentación y redacción del maestro.

Mis Vacaciones
Por: El Estudiante Exitoso

Las amistades que hice se convirtieron en el punto central de...

Las montañas eran...

Las vistas eran espectaculares donde las montañas se encontraban frente a frente con el mar en una celebración de verde y azul...

Desafortunadamente, había un frente frío inusual...

Por su mayoría las vacaciones eran...

Éste es el momento en donde el estudiante aplicará las reglas para asegurar que la ortografía, gramática y puntuación sean correctas.

Método de Escribir Frases más Adecuadas

Frase sencilla:

____

¿Hay algunas palabras que pueden hacerse más específicas?

____

¿Quién?	¿Qué?	¿Cuándo?	¿Dónde?	¿Por qué?

Nueva frase mejorada:

____

____

¿Hay otra manera en que esta frase pudiera comenzar?

____

____

Consejo de Escritura Matemática en Caso de Dificultades Espaciales

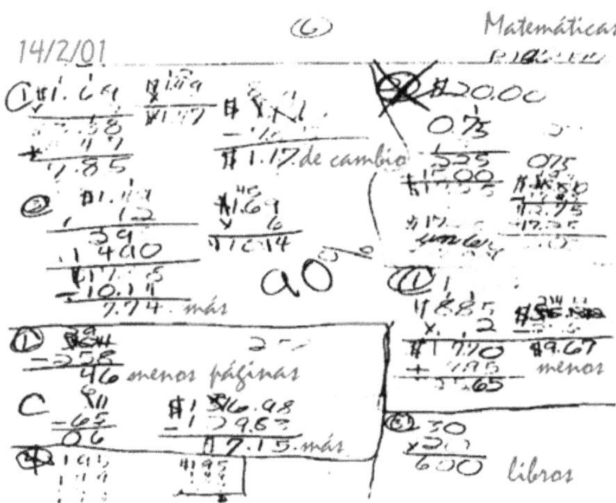

¿Ya está cansado(a) de ver los problemas matemáticos en un revoltijo sobre el papel sin pautar? ¿Resulta que su niño comete errores porque las cifras y ecuaciones no están correctamente alineadas? ¡Aquí tiene una solución sencilla!

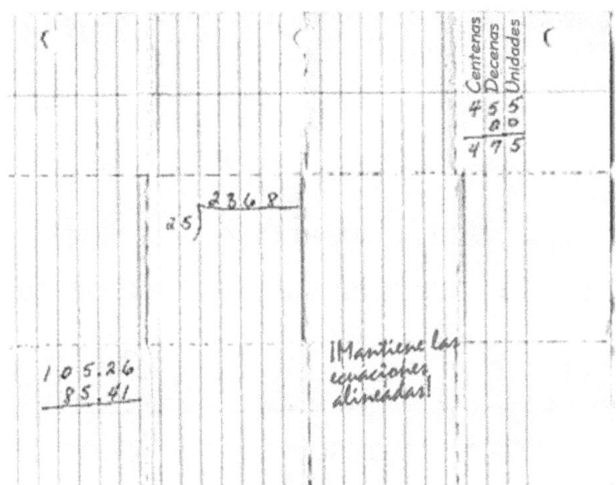

a. ¡Mantenga las ecuaciones alineadas!
b. Doble el papel para que resulten secciones cuadradas al desplegarlo. Vea la imagen arriba.
c. Voltee el papel rayado de lado.
d. El papel cuadriculado también es muy útil. Se puede generar el papel cuadriculado utilizando la función de "Insertar Tablas" en un procesador de textos.

Actividad de Resaltar

Agréguele Apuntes a los Materiales (o enseñe a los estudiantes cómo hacerlo)

- Los Apuntes Sencillos en los Materiales pueden ayudar a que los estudiantes tengan éxito

Una estrella al comienzo

Una flecha para indicar la dirección 

EMPIEZA AQUÍ ✓ Una marca verde para continuar

- Viñetas

Ésta es una estrategia para enseñarles a los niños la manera de descomponer y resaltar una tarea para acordarse de todas las partes.

Mientras revisa una tarea con su niño, utilice los rotuladores fosforescentes y de colores para descomponer la información de la misma.

Estos apuntes deberían presentarse en colores distintos. La sencilla acción de agarrar los varios rotuladores de colores funciona para mantener a los niños involucrados y atentos.

Método de Resaltar mediante Notas Adhesivas

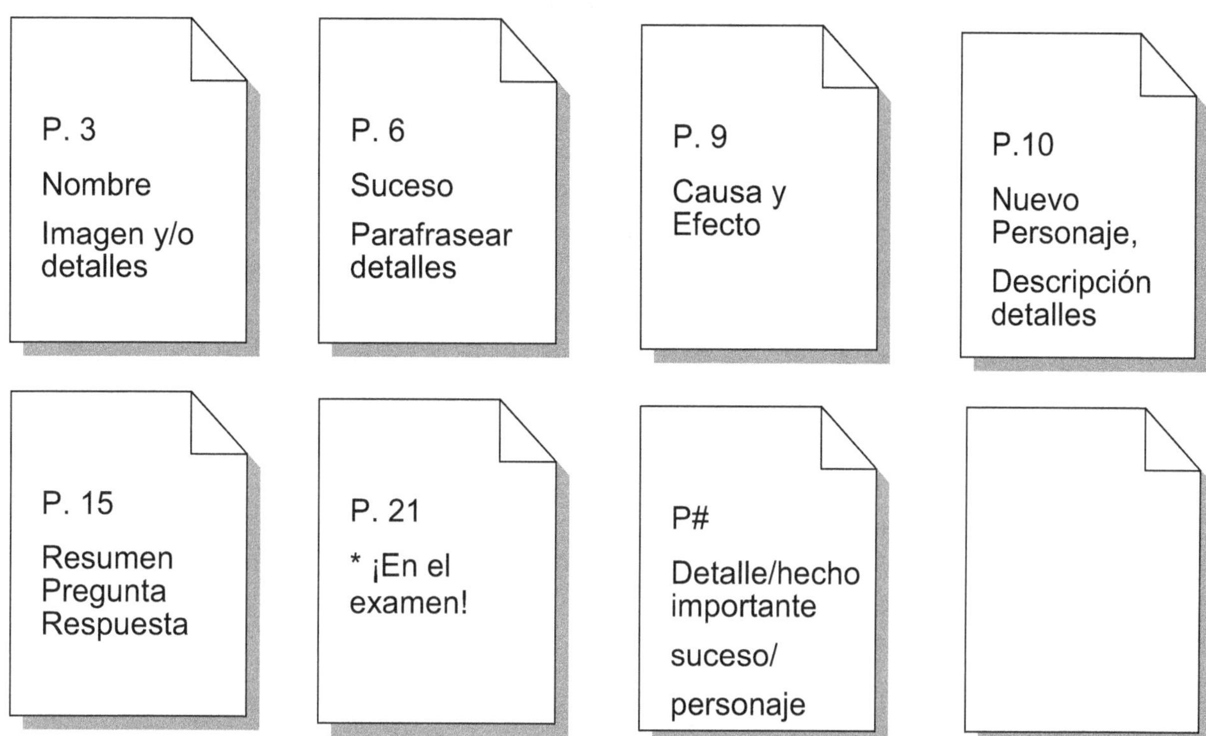

Mientras los estudiantes leen un texto, cada vez que surge un hecho, asunto, situación de causa y efecto, etc., pida que coloquen una nota adhesiva en ese lugar con el número de la página, el asunto y una imagen o detalle.

Después de leer el capítulo, la novela o la selección de textos, los niños deberían remover todas las notas y alinearlas en secuencia (como en la imagen arriba) en una hoja de papel 8 ½ X 11.

- Coloque el papel en un protector de hojas.
- Así los niños tienen una guía de estudios vinculada con el texto.

Dibujarlo para Conocerlo

- Pida que los niños dibujen imágenes de lo que leen.
- Pida que los jóvenes ilustren sus apuntes con dibujos que representan lo que contienen las notas.

Este dibujo en realidad se hizo con rotuladores de colores. Todas las imágenes utilizadas en esta guía se realizaron originalmente en colores.

Facilitar el Logro de Tareas

A veces un maestro asigna algo de las actualidades y los estudiantes deben escribir acerca de lo que han leído. Para algunos, ésta es una tarea muy imprecisa, la cual provoca las lágrimas y la exclamación, "¡No sé qué escribir!" Se puede utilizar el formulario de actualidades en esta sección para cumplir esta tarea.

Si el maestro ha designado un formato específico a utilizar para la tarea, hay dos opciones:

- Pregúntele si aceptaría este formulario en su lugar
- Utilice este formulario como una herramienta para recopilar la información y darle estructura a la tarea. El estudiante puede reelaborarla luego en el formato requerido.

Los Comentarios sobre Libros representan otra fuente de frustración para los estudiantes. Se puede utilizar el formulario aquí para recopilar la información necesaria. Hay apuntes en el formulario para ayudar a que el joven entienda los varios términos.

Si el maestro ha designado un formato específico a utilizar para los comentarios, hay dos opciones:

- Pregúntele si aceptaría este formulario en su lugar
- Utilice este formulario como una herramienta para recopilar la información y darle estructura a la tarea. El estudiante puede reelaborarla luego en el formato requerido.

Formulario de Actualidades

Escoge uno: Mundial Nacional Local

Haz lo siguiente: Busca un artículo del periódico que te interesa. Contesta las siguientes preguntas acerca del artículo. Adjunta el artículo o una fotocopia del mismo.

¿De quién se trata la historia? (Tu respuesta pudiera incluir un grupo de personas, una organización o un individuo). ______________________________

¿De cuál suceso se trata el artículo?

____
____
____
____

¿Dónde pasó este suceso? (Una ciudad, un estado, un edificio o un área.)

____
____

¿Cuándo tuvo lugar el suceso del cual se trata el artículo? (La hora, el día o fecha específico, ayer, la semana pasada, etc.)

____
____

¿Por qué pasó el suceso del artículo? (¿La historia explica lo que pudiera haberlo causado?)

____
____

¿Qué opinas de este artículo?

____
____
____

Comentario sobre el Libro

Título:

Autor:

Ilustrador:

Editorial:

Fecha de Copyright:

Género de la historia: Misterio, ficción histórica, ciencia ficción, de aventuras, biografía, etc.

ÉPOCA:

Período histórico: (Medieval, Victoriano, Colonial, los 1900's, etc.)

Duración: (¿Cuál es el plazo de la historia? Un día, unas semanas, cien años, etc.)

LUGAR:

Ubicación geográfica:

Escenas: (¿Dónde tiene lugar la mayoría de la historia? Ejemplos: al aire libre, en casa, en el castillo de un mago)

PROTAGONISTA:

Nombre:

Descripción física: (¿Cómo es su apariencia?)

Descripción de personalidad: (¿Por qué es especial?)

¿Cómo cambia este personaje en el transcurso de la historia?

¿Cuáles sentimientos experimenta?

LOS CONFLICTOS DE LA HISTORIA (Los conflictos constan de los problemas que los personajes tenían o las decisiones difíciles que tenían que tomar)

CONFLICTOS/PROBLEMAS	¿CÓMO LIDIÓ EL PERSONAJE CON LOS PROBLEMAS?
1	

CONFLICTOS/PROBLEMAS	¿CÓMO LIDIÓ EL PERSONAJE CON LOS PROBLEMAS?
2	

CONFLICTOS/PROBLEMAS	¿CÓMO LIDIÓ EL PERSONAJE CON LOS PROBLEMAS?
3	

RELATA ALGUNAS DE LAS COSAS APASIONANTES QUE HIZO EL PERSONAJE Y LA MANERA EN QUE SU PERSONALIDAD PRESTÓ EMOCIÓN A ESTOS SUCESOS.

____

____

____

TU OPINIÓN DE ESTA HISTORIA:

¿Qué te gustó de la historia?

____

____

____

____

____

¿Qué no te gustó de la historia?

____

____

____

____

____

Herramientas y Organizadores para los Deberes

Los estudios indican que mientras los estudiantes hacen seguimiento de sus calificaciones, las mismas suben. Aun mejor: Pida que su niño haga seguimiento de todas sus calificaciones en la Hoja de Seguimiento de Calificaciones para luego convertirlas en un gráfico de barras.

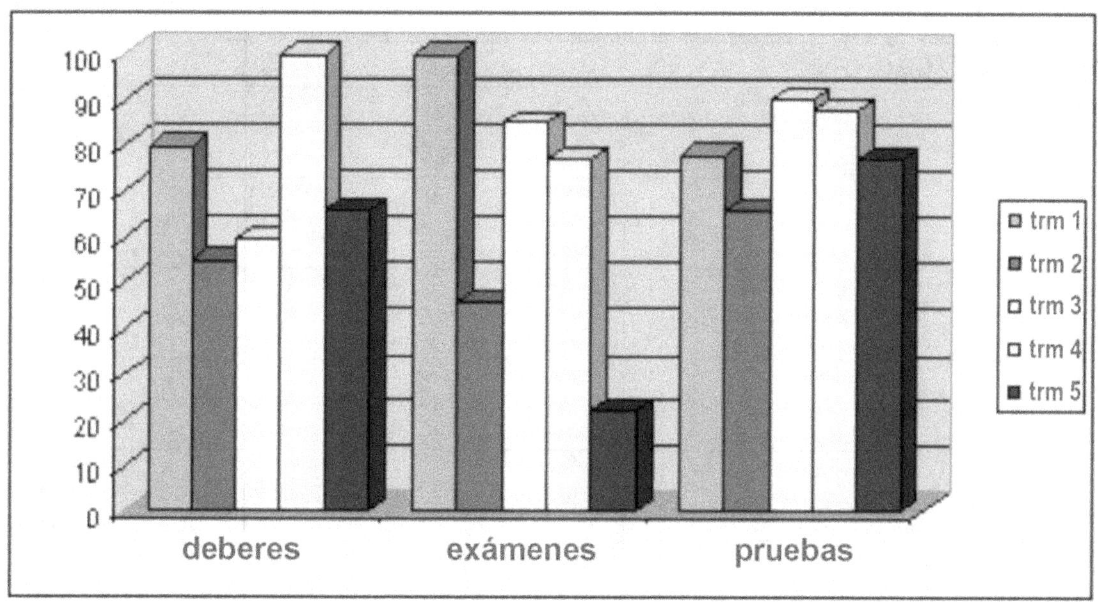

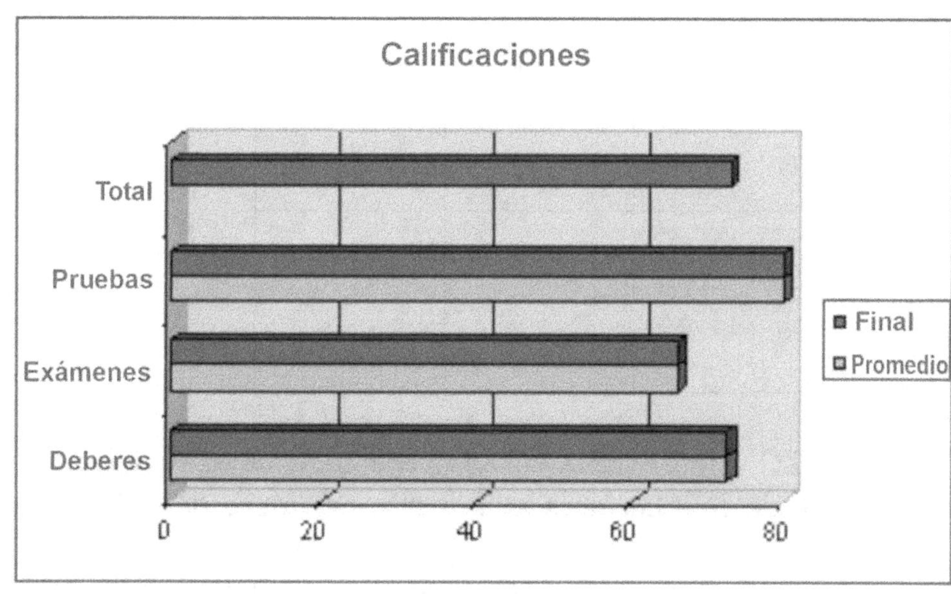

Nombre del Equipo: Trimestre:

Hoja de Seguimiento de Calificaciones

Nombre: Clase:

TAREA	DEBERES	TRABAJO EN CLASES	PRUEBAS	EXÁMENES
TÍTULO, FECHA, CALIFICACIÓN	%	%	%	%

- Incluye la FECHA, el TÍTULO y la CALIFICACIÓN para cada tarea recibida.
- ¡Deberías guardar esta lista de calificaciones en la parte delantera de tu carpeta!
- ¡Haz un gráfico de tus calificaciones así para VER cómo sigues! Utiliza un gráfico de barras o de líneas.

Herramienta de Escritura: Editor de Textos Portátil

Existen unos cuantos editores de textos portátiles actualmente en el mercado. Haga una comparación de la capacidad, el costo y la adaptabilidad según sus circunstancias. Un ejemplar accesible es el AlphaSmart 3000, un sencillo compañero portátil para su computadora. Es compatible con cualquier computadora, sea Macintosh o PC, y con la mayoría de las impresoras. Permite que el usuario teclee, edite, guarde los textos (por ejemplo los reportes, ensayos, correos electrónicos o apuntes) y practique tecleando sin tener que estar sentado frente una computadora. Luego se puede transferir el texto a cualquier computadora para formatearlo o se puede enviarlo directamente a la impresora. Su portabilidad permite que los niños puedan usarlo en cualquier lugar y en cualquier momento (por ejemplo, en la sala de clases, en casa o en las excursiones). El AlphaSmart tiene la opción de un interfaz infrarrojo (IR) que es 100% libre de errores, lo cual permite la transferencia inalámbrica entre el AlphaSmart y una computadora o impresora.

Mandalas como Herramientas de Enfoque, Tranquilidad y Creatividad

Mandala: un diseño geométrico o pictórico típicamente encerrado en un círculo

- Trabajar desde el centro hasta el borde: Amplia la atención
- Trabajar desde el borde hasta el centro: Enfoque la atención
- Relaja el cuerpo
- Activa el Cerebro Derecho
- Actúa como un apunte visual/mapa estructural para expresar los sentimientos en un poema, canción o composición
- "Inclínese el cerebro para que el lenguaje salga distinto" - Caryn Mirriam-Goldberg, autora de "Write Where you are" (Free Spirit Press)

Una fuente de mandalas se encuentra en http://www.mandali.com/

Sugiera las Mandalas para su niño si está estresado, tiene dificultades con una tarea de escritura o sencillamente necesita tranquilizarse en preparación para trabajar.

Colorea Tu Propia Mandala

- Ejemplar cortesía de Monique Mandali , *Everyone's Mandala Coloring Book, http://www.mandali.com/*

Mapa Mental de Resolución de Problemas

Digamos que un joven le viene con un problema pidiendo su ayuda en solucionarlo. El formulario de resolución de problemas en la siguiente página le proporciona una estructura en donde conversar sobre el asunto.

Por ejemplo, Juan llega en casa quejándose que Cristian se está metiendo con él. Quiere pegarle una paliza.

- Saque el formulario y presente el problema.
- En la sección superior, escriba: Cristian se mete conmigo.

- **Proceda a la primera columna. Donde dice "solución posible," escriba:**
- Pegarle una paliza.
- No exprese ninguna opinión de valores.
- Haga una lista de los pros/beneficios de pegarle una paliza.
- Haga una lista de las contras/desventajas (consecuencias negativas) de pegarle una paliza a Cristian.

- **Considere otra solución:** Hablarlo con Cristian.
- Proceda a la segunda columna. Donde dice "solución posible," escriba:
- Hablarlo con él.
- No exprese ninguna opinión de valores.
- Haga una lista de los pros/beneficios de hablárselo.
- Haga una lista de las contras/desventajas (consecuencias negativas) de hablárselo.

- **Siga esta lluvia de ideas, explorando otras opciones, y utilice el mismo proceso.**

Ahora Juan cuenta con los motivos para tomar una decisión adecuada para él: la que tiene el mayor beneficio y la menor consecuencia negativa.

Se puede utilizar este proceso para tomar cualquier decisión o para solucionar muchos problemas distintos.

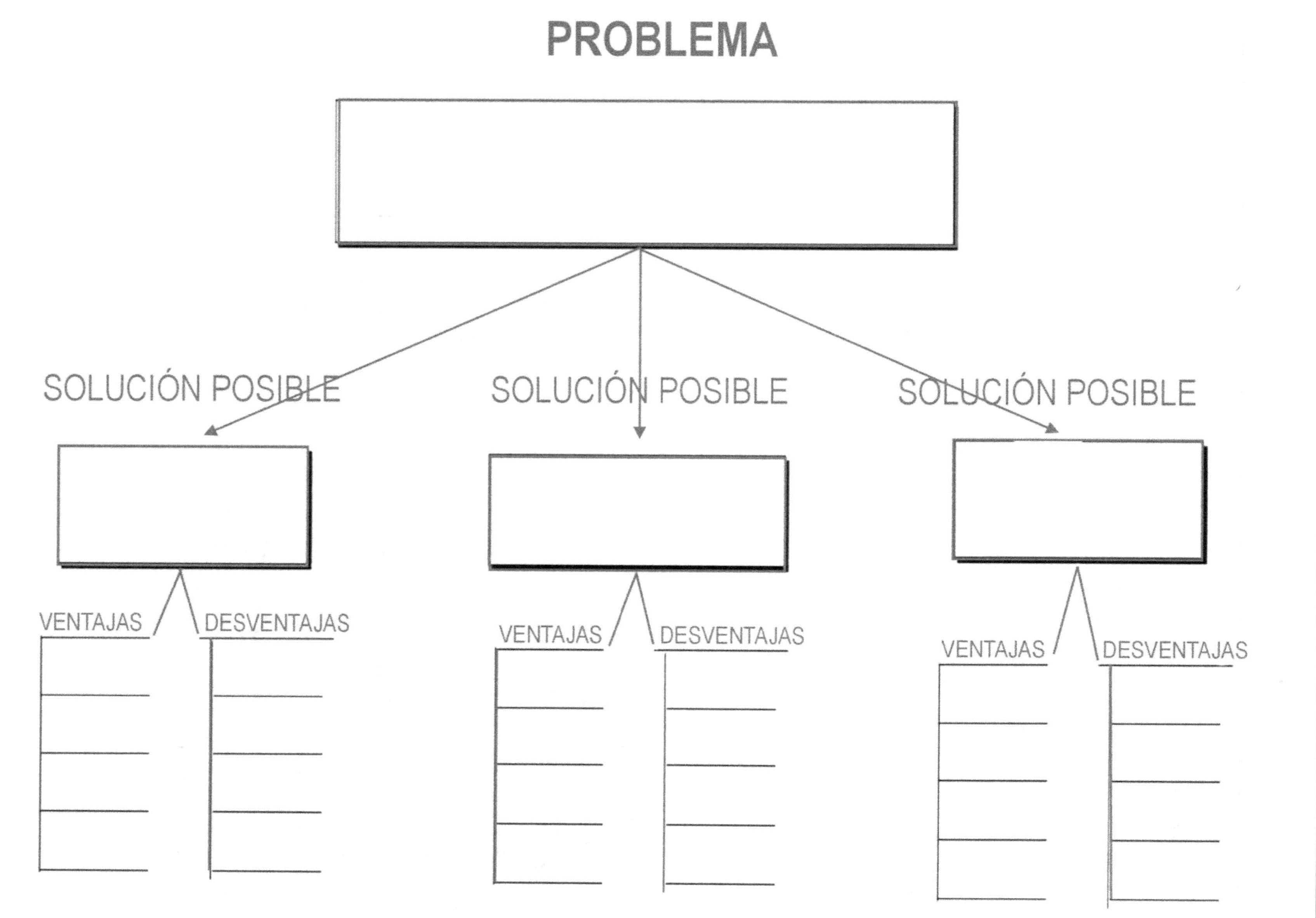
PROBLEMA
SOLUCIÓN POSIBLE
SOLUCIÓN POSIBLE
SOLUCIÓN POSIBLE
VENTAJAS
DESVENTAJAS
VENTAJAS
DESVENTAJAS
VENTAJAS
DESVENTAJAS

Organizar el Papeleo Escolar

Lista de Materiales para el Sistema de Cuaderno "Landmark"

El Sistema de Cuaderno "Landmark" es diseñado para ayudar a mantener los papeles, notas, etc. organizados y en una ubicación donde se pueden localizar en cuanto haya que volver a consultarlos. Igual que con cualquier sistema nuevo, se requiere la práctica y disciplina hasta que se vuelva costumbre.

Necesitará:

- ☐ Una carpeta de espiral de 2 pulgadas. Se puede poner dos temas en una sola carpeta. (Para cuatro temas, se necesitan dos carpetas.)
- ☐ Una perforadora de tres portátil
- ☐ Una bolsa con cierre y tres agujeros para que quepa en la carpeta
- ☐ Una regla con 3 agujeros
- ☐ 8 separadores
- ☐ Dos solapas con tres agujeros
- ☐ Dos rotuladores fosforescentes de colores distintos
- ☐ Notas adhesivas
- ☐ Un pequeño paquete de rotuladores de colores finos o plumas de gel
- ☐ Cinta fosforescente
- ☐ Plumas y lápices
- ☐ Reforzadores para perforaciones
- ☐ Un acordeón para cada tema en la carpeta
- ☐ Calendario de tareas

Cómo organizar la carpeta

Empezando al frente, coloque las piezas en el siguiente orden:

- Perforadora de tres
- Regla
- Bolsa con los rotuladores, otros implementos de escritura, cinta, reforzadores de perforaciones, etc.
- Calendario de tareas
- Separador etiquetado DEBERES
- Separador etiquetado APUNTES
- Separador etiquetado PRUEBAS/EXÁMENES
- Separador etiquetado NOTAS
- Sopla
- Separadores (etiquetados igual que los anteriores) y sopla para el segundo tema

1. Las secciones para los deberes, apuntes, pruebas/exámenes y notas se utilizan para una lección, capítulo o unidad.

2. Después de terminar esta unidad, TODOS los papeles se trasladan al acordeón correspondiente con una etiqueta mostrando el nombre de la unidad.

3. El acordeón se queda en casa y se utiliza para los exámenes parciales y finales. ¡Es importante guardar todos los materiales de estudiar!

Para más información, contacte con Landmark Foundation en 508-927-4440, www.landmarkschool.org

Agregar las Casillas de Selección:

Dibuje las casillas de selección al lado de cada etapa de una tarea para ayudar a que su niño recuerde dar todos los pasos. Vaya marcándolas al cumplirse.

Ejemplo:

NOMBRE____________________________________PER_____FECHA_____________

LISTA DE CONTROL PARA EL PROYECTO DE CONSTELACIONES

¡VE MARCÁNDO CADA ETAPA AL CUMPLIRLA!

- ☐ **Busca la constelación en un libro. (Hay libros en la biblioteca y la sala de clases de ciencia.)**
- ☐ **Dibuja el conjunto de estrellas que la componen.**

A. Utiliza un papel blanco sin rayas.
B. Utiliza la tinta NEGRA o un lápiz.
C. RESTRINGE el tamaño a 3 ½" (alto) X 8" (ancho).

- ☐ Conecta las estrellas según el diseño constelar con líneas discontinuas.
- ☐ Recorta tu constelación y móntala en cartoncillo NEGRO a la CABEZA de la hoja.
- ☐ Perfora las estrellas con un ALFILER (no hagas agujeros grandes).
- ☐ Busca el mito relacionado a tu constelación.
- ☐ Escribe la historia (el mito) en TUS PROPIAS PALABRAS.
- ☐ La versión final debería hacerse con una PLUMA en PAPEL BLANCO.
- ☐ Indica el origen del mito.
- ☐ Coloca el mito DEBAJO la constelación en el cartoncillo negro. (8 ½" X 11").

Utilizar las Estadísticas de Legibilidad en MS Word para Mejorar la Escritura

Si los estudiantes ya saben el nivel de su escritura ¡pueden proponerse el reto de elevarlo! Sencillamente hay que usar las palabras con más sílabas y escribir las frases más largas y complejas. Luego pueden volver a utilizar el corrector de ortografía ¡a ver si el nivel se haya incrementado!

Instrucciones para mostrar las estadísticas de legibilidad en MS Word 2000:

- En el menú de *Herramientas*, pulse *Opciones* y luego pulse la ficha *Ortografía y Gramática*.
- Seleccione la casilla *Revisar Gramática con Ortografía*.
- Seleccione la casilla *Estadísticas de Legibilidad* y luego pulse *Aceptar*.
- En la barra de herramientas estándar, pulse *Ortografía y Gramática*.
- En lo que Word termine de comprobar la ortografía y gramática, se mostrarán los datos acerca del nivel de lectura del documento.

SUGERENCIA:
Mientras copia y pega los textos del Internet en un documento Word:

1. Pulse *Edición/Copiar*, luego resalte el texto del sitio web.
2. Vaya al documento MS Word.
3. Pulse *Edición*, luego seleccione *PEGADO ESPECIAL*.
4. Péguelo como texto *Formateado* o *No Formateado*. ¡NO seleccione *HTML*!

Ahora se puede trabajar con la información sin la interferencia de código web invisible.

Reconocimiento:
Dr. Mary S. Neumann, DHAP, NCHSTP, "Developing Effective Educational Print Materials"

En Word Perfect: Para revisar la legibilidad de un documento

1 Pulse Herramientas Gramática.
2 Pulse Opciones Análisis Legibilidad.
3 En la caja de diálogo de Legibilidad, seleccione un documento de comparación desde la lista.

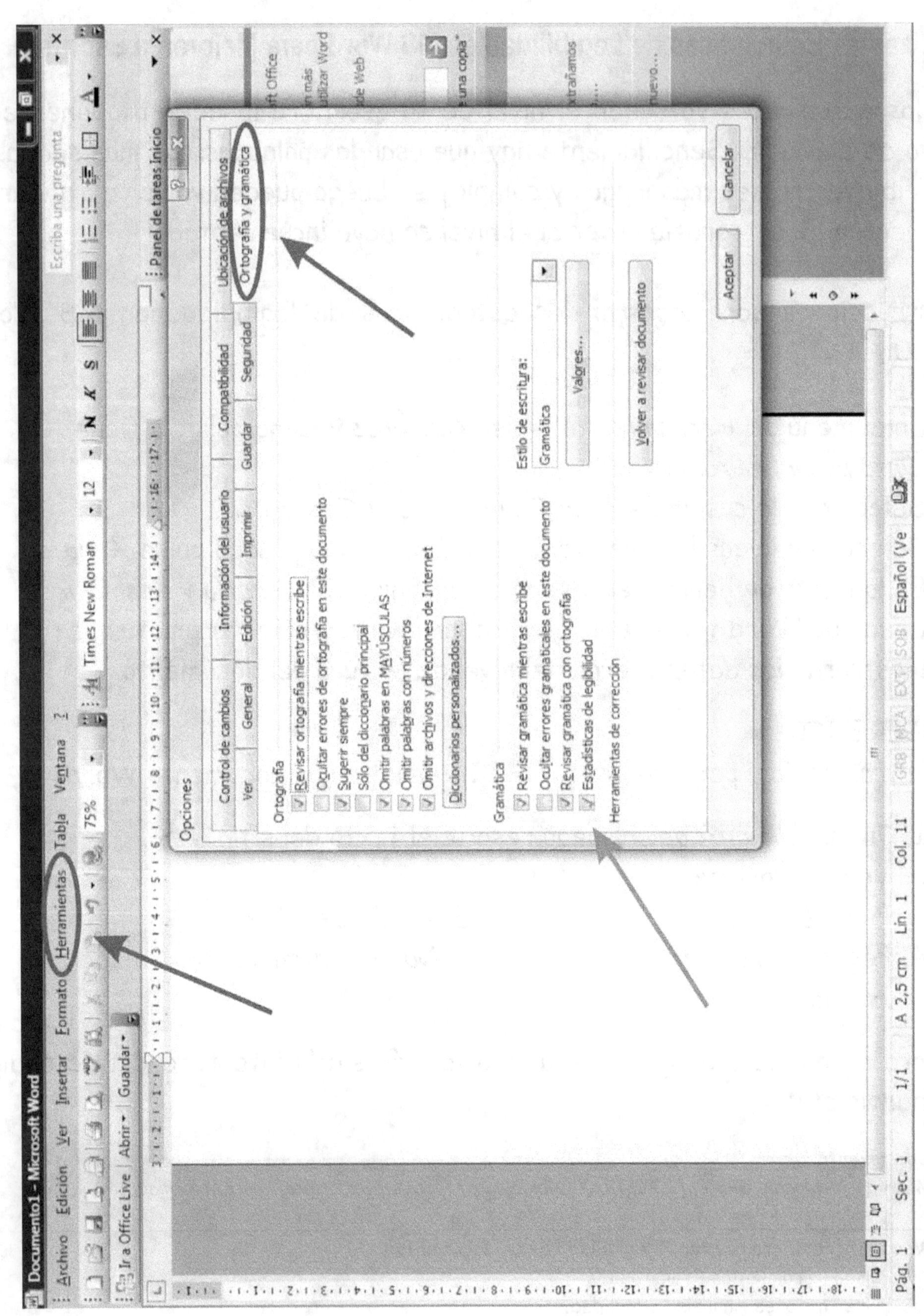
Documento1 - Microsoft Word
Archivo
Edición
Ver
Insertar
Formato
Herramientas
Tabla
Ventana
Opciones
Control de cambios
Información del usuario
Compatibilidad
Ubicación de archivos
Ver
General
Edición
Imprimir
Guardar
Seguridad
Ortografía y gramática
Ortografía
Revisar ortografía mientras escribe
Ocultar errores de ortografía en este documento
Sugerir siempre
Sólo del diccionario principal
Omitir palabras en MAYÚSCULAS
Omitir palabras con números
Omitir archivos y direcciones de Internet
Diccionarios personalizados...
Gramática
Revisar gramática mientras escribe
Ocultar errores gramaticales en este documento
Revisar gramática con ortografía
Estadísticas de legibilidad
Herramientas de corrección
Estilo de escritura:
Gramática
Valores...
Volver a revisar documento
Aceptar
Cancelar
Panel de tareas Inicio
Times New Roman
Pág. 1
Sec. 1
1/1
Español (Ve

Autoresumen en MS Word

Utilice Autoresumen para destacar los puntos claves o crear un resumen de su escritura.

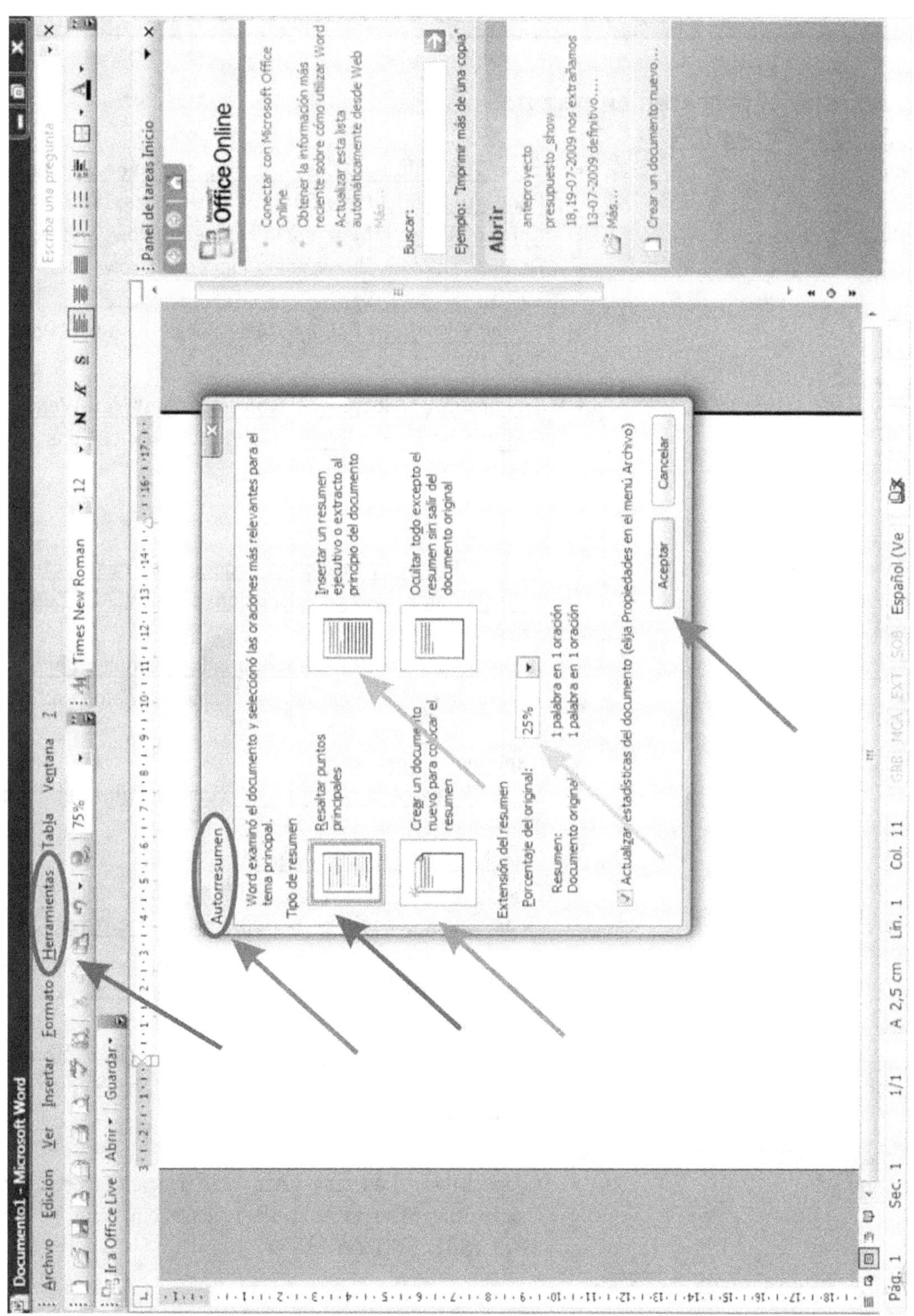

ANEXO – LISTAS DE RECURSOS

Libros y Artículos de Referencia

Los libros en español aparecen en negrita.

MANEJO DEL COMPORTAMIENTO

Fitzell, Susan
- Free The Children: Conflict Education for Strong Peaceful Minds, New Society Publishers, 1997

Glasser, William, MD
- Control Theory, New York: Harper & Row, Inc., 1984
- Reality Therapy, New York: Harper & Row, Inc., 1975
- Schools Without Failure, New York: Harper & Row, Inc., 1975

Good, E. Perry
- In Pursuit of Happiness: Knowing What You Want, Getting What You Need, New View Publications, 1987

APRENDIZAJE BASADO EN ESTUDIOS DEL CEREBRO

Caine, Geoffrey, y Caine, Renate Nummela y Crowell, Sam.
- Mindshifts: A brain-based process for restructuring schools and renewing education. Tucson, AZ: Zephyr Press. 1994
- Making connections: Teaching and the human brain., Alexandria, VA: Association for Supervision and Curriculum Development. 1991

Jensen, Eric
- **Cerebro y Aprendizaje**
- Brain Compatible Strategies, Turning Point Publishing, 1997
- Teaching with the Brain in Mind, ASCD, 1998
- The Great Memory Book, The Brain Store, 1999

Greenleaf, Dr. Robert K
- Brain Based Teaching: Building Excitement for Learning, 2000 Edition complete with applications
- The Power of Two
- The Question,
  - Para ordenar, llame al 401-782-8507

Sylvester, Robert
- A Celebration of Neurons: An Educators Guide to the Human Brain, ASCD, 1995

APRENDIZAJE COOPERATIVO

Putnam, JoAnne W
- Cooperative Learning and Strategies for Inclusion: Celebrating Diversity in the Classroom, Paul H. Brookes, 1993 ISBN 1-55766-134-0

EL ENFOQUE CEREBRO-COMPATIBLE

Lewis, Barbara
- The Kids Guide to Social Action, Free Spirit Press, 1991

DiSpezio, Michael
- ***Pasatiempos Lógicos*, Susaeta Ediciones, 1999**

DISCAPACIDADES DE APRENDIZAJE

Bell, Nancy and Lindamood, Phyllis
- Vanilla Vocabulary, Academy of Reading Publications, 1993

Heacox, Diane
- Up From Underachievement, Free Spirit Press, 1991

Rief, Sandra and Heimburge, Julie
- How To Reach & Teach All Students In The Inclusive Classroom. The Center for Applied Research, 1996

Sedita, Joan
- Landmark Study Skills Guide Landmark Foundation, Call (508) 927-4440 Ext. 2116, www.landmark.pvt.k12.ma.us/landmark

Schumm, Jeanne Shay and Yddencich, Marguerite
- School Power, Free Spirit Press, 1992 (Este libro es una fuente indispensable de formularios que se pueden copiar para organizar la escritura y los reportes.)

Tomlinson Carol Ann
- **Estrategias para Trabajar con la Diversidad en el Aula Paídos Ibérica, 2005**

Winebrenner, Susan
- **Como Enseñar a Niños con Diferencia de Aprendizaje en el Salón de Clases, 2008**

Friend, Marilyn and Bursuck, William D.
- Including Students with Special Needs: A Practical Guide for Classroom Teachers, 3/e, Publisher: Allyn & Bacon, Copyright: 2002Format: Paper, 544 pp ISBN: 0-205-33192-0

INTELIGENCIA MÚLTIPLE

Armstrong, Thomas
- **Inteligencias Múltiples en el Aula, Paídos Ibérica, 2006**

Gardner, Howard.
- **Inteligencias Múltiples: La Teoría en la Práctica Paídos Ibérica, 1998**
- **La Mente No Escolarizada: Cómo Piensan los Niños y Cómo Deberían Enseñar las Escuelas. Paídos Ibéricos, 2002**

Gibbs, Jeanne
- **Tribus, Una Nueva Forma de Aprender y Convivir Juntos, 1998**

Lazear, David
- Seven Ways of Teaching, Skylight Publishing, Inc., 1991

TUTELA DE PARES

Ashley, W., J. Jones, G. Zahniser, and L. Inks.
- Peer Tutoring: A Guide To Program Design. Research and Development Series No. 260. Columbus: Ohio State University Center for Research in Vocational Education, 1986. ED 268 372.

Bloom, B.
- "The Search for Methods of Group Instruction as Effective One-to-One Tutoring." EDUCATIONAL LEADERSHIP 41 (1984): 4-17.

Cohen, P.
- "Outcomes of Tutoring." AMERICAN EDUCATIONAL RESEARCH JOURNAL 19 (1982): 237-248.

TIPOS DE PERSONALIDADES

Lawrence, Gordon
- People Types & Tiger Stripes, CAPT, Inc. 1996

Silver, Strong and Perini
- So Each May Learn: Integrating Learning Styles and Multiple Intelligences, ASCD. 2000

PARCIALIDAD Y CALIFICACIÓN DE EXÁMENES

Berk, R.A. (Ed.).
- "Handbook of methods for detecting test bias." Baltimore, MD: The Johns Hopkins Univ.Press.1982

Estrin, Elise Trumbull
- Alternative Assessment: Issues in Language, Culture, and Equity, 1993 http://www.eric.ed.gov/ERICDocs/data/ericdocs2sql/content_storage_01/0000019b/80/16/1f/ae.pdf

Munk, Dennis y Bursuck, William
- Report Card Grading Adaptations for Students with Disabilities: Types and Acceptability, Intervention in School & Clinic, 1 May 1998

Munk, Bursuck, y Olson
- The Fairness of Report Card Grading Adaptations: What Do Students With and Without Learning Disabilities Think?, Remedial & Special Education, 1 Mar 1999.

Produced by the ASPIIRE and ILIAD IDEA Partnerships in cooperation with the U.S. Department of Education.
- Making Assessment Accommodations: A Toolkit for Educators, Video captioned in English and Spanish. 2000, 146 pages. 14 minutes. ISBN 0-86586-3644, Council For Exceptional Children, #P5376 $99.00/CEC Members $69.00

ORGANIZADORES VISUALES

Buzan, Tony
- **Cómo Crear Mapas Mentales. Urano, 2004**

Booher, Dianna.
- Clean Up Your Act; Effective Ways to Organize Paperwork and Get It Out of Your Life

Haber, Ralph N
- "How We Remember What We See". Scientific America, 105, May 1970.

Margulies, Nancy
- Mapping Inner Space: Learning and Teaching Mind Mapping

Rico Lusser, Gabriele
- Writing The Natural Way ISBN: 0-87477-186-2 and 0-87477-236-s (ppbk.)

Catálogos para la Prestación, Alquiler y Venta de Audio-libros

Los audio-libros reúnen los ingredientes importantes para crear un lector exitoso por vida.

Los audio-libros:

- Motivan que los estudiantes lean
- Permiten que los estudiantes disfruten de un libro a su nivel de interés que pudiera ser más allá de su nivel de lectura
- Permiten que los lectores lentos participen en las actividades de clases
- Proveen de una manera de aprender los patrones de lenguaje y expresiones, además de aumentar el vocabulario
- Son buenos ejemplos de lectura fluida para los niños, jóvenes y aquellos que están aprendiendo el inglés como segundo idioma
- Participan en la construcción de las conexiones neurales necesarias para las destrezas de procesamiento auditivo requeridas para la alfabetización
- Mejoran las destrezas auditivas
- Antes de leer, familiarizan los estudiantes con la historia para que puedan mejor concentrarse en las palabras mientras leen el texto
- Aportan vida al libro, así inspirando y entreteniendo, mientras vinculan el lenguaje y escucha a la experiencia de leer
- Construyen un marco - ampliando el vocabulario y la capacidad de concentración, mientras entrenan las destrezas de pensamiento

1. Recorded Book Rentals (800) 638-1304 Teléfono
2. Books on Tape (800) 626-3333 Teléfono
3. Chivers Audio Books (800) 621-0182 Teléfono
4. Blackstone Audiobooks (800) 729-2665 Teléfono
5. The Teaching Company (800) 832-2412 Teléfono
   Venden los discursos grabados sobre la historia, la literatura, etc. Pida escuchar su discurso de muestra gratuita sobre "Cómo Entender y Escuchar la Gran Música," uno de una serie de 16 discursos en inglés sobre la música.
6. Recording for the Blind & Dyslexic (800) 221-4792 Teléfono
   Ofrecen 75,000 libros íntegros en cinta. También venden los reproductores de casetes portátiles ($99 - $199). Los estudiantes pueden conseguir los libros de textos grabados por encargo; pida más información. Las tarifas son $50 de inicio y $25 por año después de entonces e incluyen todos los libros que gusten con franqueo pagado. La solicitud incluye un formulario lo cual firmará su doctor.

Recursos de la Red Mundial (WWW)

Los enlaces a continuación también están disponibles en línea en http://www.aimhieducational.com/inclusion_urls.html

URL del Sitio Web	Tema	Categoría
http://www.sensorycomfort.com/	Recursos para DDA, Autismo	Autismo
http://www.cec.sped.org/bk/catalog2/assessment.html	Juego de Herramientas para Evaluación	Calificación
http://www.fairtest.org/index.htm	Centro Nacional para Ensayo Justo y Abierto	Calificación
http://www.aimhieducational.com/books/spedbooks.html	Recursos de la Brain Gym	Cerebro
http://www.aimhieducational.com/inclusion.html	Las Investigaciones del Cerebro Arrojan Nueva Luz Sobre el Aprendizaje, Estrategias de Enseñanza y Discapacidades	Cerebro
http://brainconnection.positscience.com	Sitio de Aprendizaje de Base Cerebral	Cerebro
http://www.brains.org/hottopics.htm	Los Temas Centrales de la Investigación Actual	Cerebro
http://school.discovery.com	Recurso de Ciencia	Ciencia
http://www.ericfacility.net/ericdigests/ed433185.html	Los Aulas de Ciencia para los estudiantes con necesidades especiales	Ciencia
http://www.webelements.com/	Tabla Periódica Interactiva	Ciencia
http://powerof2.org	Colaboración	Colaboración
http://www.marilynfriend.com	Enseñanza en Equipo, Colaboración y Calificación	Colaboración
http://www.powerof2.org/	Sitio de Recursos de Enseñanza en Equipo	Colaboración
http://www.explosivechild.com	El Niño Explosivo	Comportamiento
http://www.explosivechild.com	Ayuda para los niños frustrados e inflexibles	Comportamiento
http://www.judyringer.com	Escoger con Más Poder	Comportamiento
http://www.ldonline.org/ld_indepth/teaching_techniques/strategy_cards.html	El Uso de Tarjetas Estratégicas para Aumentar el Aprendizaje Cooperativo para los Estudiantes con Discapacidades de Aprendizaje	Comportamiento
http://www.wglasser.com/	William Glasser Institute	Comportamiento
http://www.aimhieducational.com/inclusion.html	29 Aspectos Positivos de DDA/DDAH	DDA
http://www.wrightslaw.com/	Defensores de Leyes de la Educación Especial	Derecho
http://www.aimhieducational.com/inclusion.html	Imagínese Enseñando a Robin Williams- Los Niños Muy Excepcionales en su Escuela	Diversidad

URL del Sitio Web	Tema	Categoría
http://www.aimhieducational.com/inclusion.html	10 Artículos de Referencia: Bilingüe, ESL, Multicultural	Diversidad
http://www.ginnyhoover.com/learning.htm	Recurso de Estilos de Aprendizaje	Diversidad
http://www.hots.org/	Pobreza y Aprendizaje	Diversidad
http://www.myersbriggs.org/applying/education.cfm	El Uso de MBTI en la Educación	Diversidad
http://www.nldline.com/	Trastorno de Aprendizaje No Verbal	Diversidad
http://www.pbs.org/wgbh/misunderstoodminds/	Las Mentes Malentendidas	Diversidad
http://www.weaverclinic.com/	Estilo de Aprendizaje y Problemas de Atención	Diversidad
http://www.hes-inc.com/hes.cgi/02120.html	La Guía de Recursos para Maestros (Una fuente destacada de estrategias)	Educación
http://www.teachersplanet.com/special.shtml	Recursos para Maestros	Educación
http://www.teachervision.com	Recursos Generales	Educación
http://www.teachnology.com/	Portal para Educadores	Educación
http://www.csun.edu/~vcecn006/	Recurso de Escritura	Educación
http://www.disabilityresources.org/FAMOUS.html	Famosos con DA	Educación Esp
http://www.disabilityresources.org/index.html	Recurso	Educación Esp
http://www.iser.com/	Directorio de Profesionales en DA	Educación Esp
http://www.ldonline.org/	Recurso en Línea para DA	Educación Esp
http://www.lrpdartnell.com/cgi-bin/SoftCart.exe/scstore/01_Special_Ed/cat-IDEA.html?E+scstore	Productos de la Educación Especial	Educación Esp
http://www.neo-direct.com/intro.aspx	AlphaSmart Editor de Textos	Equipo
http://www.dryerase.com/	Pizarrones de Alta Calidad	Equipo
http://www.fullspectrumsolutions.com/index.html	Fuente de Iluminación de Espectro Completo	Equipo
http://www.keyboardinstructor.com	Editor de Textos y Aplicaciones	Equipo
http://www.stokespublishing.com	Temporizador de Enseñanza	Equipo
http://www.drawingwriting.com/index.html	Dibujar/Escribir y la nueva alfabetización	Escritura
http://www.stepuptowriting.com/default.asp	Estrategias de Escritura Multi-sensoriales	Escritura
http://muskingum.edu/~cal/database/	Base de Datos para Estrategias de Aprendizaje	Estrategia
http://www.aimhieducational.com/inclusion.html	Copia y Pegar 101	Estrategia
http://education.umn.edu/NCEO/AccomStudies.htm	Bibliografía de Acomodaciones en Línea	Herramientas
http://puzzlemaker.school.discovery.com/	Crear Rompecabezas	Herramientas
http://us.dk.com/?11CS^home	Dorling Kindersley	Herramientas
http://wikkistix.com	Aprendizaje Práctico	Herramientas
http://www.aimhieducational.com/books/spedbooks.html	Libros de Mandalas para Colorear	Herramientas
http://www.aimhieducational.com/brainchild.html	Brainchild: La Tecnología Construye la Mecánica de Inglés y Matemáticas Según los Estándares Estatales	Herramientas
http://www.epraise.com	Productos y Ideas de Reconocimiento	Herramientas

URL del Sitio Web	Tema	Categoría
http://www.graphicorganizers.com/	Organizadores Gráficos – muchas muestras gratuitas	Herramientas
http://www.mindbinders.com/	Mindbinders Tarjetas para Estudiar	Herramientas
http://www.schoolhousetech.com/	Fábrica de Hojas de Trabajo	Herramientas
http://www.studygs.net/	Guías y Estrategias de Estudiar	Herramientas
http://www.sunburstmedia.com/	Para los Estudiantes de Lenguaje	Herramientas
http://www.teachervision.fen.com/lesson-plans/lesson-6293.html	Organizadores Gráficos	Herramientas
http://www.thinkingmaps.com/	Herramientas de Enseñanza Visual	Herramientas
http://www.trainerswarehouse.com	Suministros para Maestros y Presentadores	Herramientas
http://www.mindtools.com/memory.html	Herramientas para Mejorar la Memoria	Herramientas
http://www.aimhieducational.com/books/spedbooks.html	Libros sobre los Temas del seminario	Inclusión
http://www.aimhieducational.com/books/spedbooks.html	Guía para el Aula de Inclusión para Técnicos Docentes	Inclusión
http://www.inclusion.com/	Recurso de Inclusión	Inclusión
http://www.ualberta.ca/~jpdasddc/INDEX.html	Recurso de Inclusión	Inclusión
http://www.help4teachers.com/	Currículo de Capas	Instrucciones
http://www.humboldt.edu/~lfr1/kindling.html	Plan de Lecciones: Echarle Leña – Agregando Sentido	Instrucciones
http://www.hardin.k12.ky.us/res_techn/sbjarea/math/JeopardyDirections.htm	Instrucciones de Jeopardy	Juegos
http://www.scientificlearning.com/	Desarrollo de Lenguaje y Escucha para Lectura	Lectura
http://www.sundancepub.com/c/@5RKYpnKw1bYvA/Pages/index.html	Recurso de Lectura	Lectura
http://tmwmedia.com/algebra_tutor.html	Video de Tutelaje de Álgebra	Matemática
http://www.aimhieducational.com/books/spedbooks.html	Matemáticas Visuales: Ver el Sentido	Matemática
http://www.aimhieducational.com/inclusion.html	Organizadores Gráficos	Matemática
http://www.dotolearn.com	Matrices Matemáticos y mucho más	Matemática
http://www.fasenet.org/store/kay_toliver/eddiefiles.html	Videos de Matemáticas	Matemática
http://www.marcycookmath.com	Herramientas de Matemáticas	Matemática
http://www.mathgen.com/remedial.htm	Recurso de Matemáticas	Matemática
http://www.rogertaylor.com/	Biblioteca de Canciones Matemáticas	Matemática
http://www.teachingideas.co.uk/maths/contents.htm	Ideas de Matemáticas	Matemática
http://www.tsbvi.edu/math/index.htm	Enseñanza de matemáticas para los estudiantes con limitaciones visuales	Matemática
http://www.aimhieducational.com/inclusion.html	Lectura, Escritura, Rap	Música
http://www.jazzdigger.com/b/Ron_Brown/	Música para Enseñar	Música
http://www.musicintheclassroom.com/	Música para Enseñar	Música
http://www.neilslade.com	Música para Enseñar	Música
http://www.rocknlearn.com/	Aprendizaje con Música	Música

URL del Sitio Web	Tema	Categoría
http://www.shakeandlearn.com	Gramática, Matemáticas, Ciencia y Lenguaje con Música	Música
http://www.songsforteaching.com/index.html	Música para Enseñar	Música
http://www.homeworknow.com	Recurso en Línea para Deberes	Organización
http://www.landmarkschool.org/	Carpetas y Destrezas de Estudiar	Organización
http://www.blackvoices.com/	Maya Angelou	Otro
http://www.lucidcafe.com/library/currentread/currentread04.html	Nikola Tesla	Otro
http://educationnorthwest.org/	Lista de Programas de Modelo	Programas
http://school.discovery.com/schrockguide/assess.html	Rúbrica	Rúbrica
http://www.rubrics4teachers.com/	Rúbrica	Rúbrica
http://www.readplease.com/	Lee cualquier página web, genera los archivos mp3/wav, versiones de puro texto, traducciones ¡y mucho más!	Software
http://www.computerautomation.com/	Software de Automatización de Edición Especial	Software
http://www.inspiration.com/	Software de Organización Gráfica	Software
http://www.brainchild.com	Evaluaciones en Línea de los Exámenes Estatales	Tecnología
http://www.mimio.com	Tecnología de pantalla interactiva	Tecnología
http://vischeck.com	Experimente Cómo Es Ser Daltónico	Visual
http://www.oepf.org/	Optometría Conductual	Visual
http://www.pavevision.org	Padres Activos para la Educación de Vista	Visual
http://www.tsbvi.edu	Ciego y con Limitaciones de Vista	Visual
http://www.vis-ed.com/	Juegos de Tarjetas de Estudiar para Educación Visual	Visual

AIMHI EDUCATIONAL PROGRAMS

TALLERES PARA PADRES, EDUCADORES Y MAESTROS

Susan ha cumplido con éxito 21 horas de Formación de Padres Educadores por la Red de Aprendizaje Paternal, patrocinado por la Asociación Tejana del Consejo Escolar. Tiene la formación requerida para impartir los talleres basados en los currículos de *Marcos Familiares* y *Los Primeros Años*. Dichos currículos estaban escritos por el personal de la Asociación Tejana del Consejo Escolar en colaboración con investigadores a través de Tejas.

Las unidades de los currículos subrayan las técnicas de aprendizaje las cuales posibilitan que los participantes se conviertan en solucionadores de sus problemas. Los resúmenes de lecciones ofrecen actividades que apelan a las inteligencias múltiples y que promueven el aprendizaje de la manera en donde mejor aprende el cerebro según su diseño biológico. Los participantes tendrán la oportunidad de compartir sus ideas, darse apoyo uno al otro, informarse sobre las investigaciones actuales y trabajar conjuntamente para encontrar las respuestas a sus preguntas.

Temas de los Talleres

- Elecciones y Consecuencias: Acoso Escolar
- Encontrar el Equilibrio en la Vida Estresante
- Trabajo Conjunto entre Padres y Escuelas
- Presión del Grupo
- ¡Ayúdame Con Mis Deberes Por Favor!
- Entendimiento y Autoentendimiento: La Llave de las Relaciones Mejoradas
- ¿Por Qué los Niños no Escuchan?

Costo del programa:
El costo va determinándose por caso individual.

Información de contacto:
Para concertar una consulta o la formación o para más información, llame al 210-473-2863 de 7:00AM a 8:00PM (hora del este), lunes a viernes. Número de Fax: 210-473-2863.
Correo electrónico: sfitzell@aimhieducational.com + www.aimhieducational.com

Cogent Catalyst Publications
una compañia del socio de AIMHI Educational Programs

Información del cliente

Nombre: ______________________

Dirección: ______________________

Ciudad, Estado y Cierra ______________________
Número de telefono 1 ______________________
Número de telefono 2 ______________________
Correo electrónica ______________________

Fecha:

Envío Y Manejo

Total de la orden:	Precio del envío
exceptúan los carteles	Envío libre
Carteles Grandes (< 10)e	$7.95
$55.01 - $70.00	$9.95
$70.01 - $100.00	$11.95
$100.01 - 149.00	$13.95
Más que	10% del Subtotal

Todas las órdenes se envían vía USPS y se pueden esperar dentro del 14 dias del tiempo que recibimos su orden. Los artículos pedidos contemporáneamente se envían juntos siempre que sea posible.

Pedidos por correo a PO Box 6182, Manchester, NH 03018 o Fax a (603) 218-6291 * Entrenos en contacto con el info@cogentcatalyst.com * 603-625-6087

Qty.	Descripción	Precio Unitario	Precio Descontado/	Linea Total
	Co-Teaching and Collaboration in the General Classroom 2nd Ed.	$24.97		
	Paquete de 10: Co-Teaching and Collaboration		$199.97	
	Free the Children: Conflict Education for Strong, Peaceful Minds	$15.95		
	Paquete de 10: Free the Children		$124.97	
	Paraprofessionals and Teachers Working Together 2nd Edition	$24.97		
	Paquete de 10: Paraprofessionals and Teachers		$199.97	
	Please Help Me With My Homework: English 2nd Edition	$10.97		
	Paquete de 10: Please Help Me		$87.97	
	Ayudame con mis deberes por favor: Espanol	$10.97		
	Paquete de 10: Ayudame por favor		$87.97	
	Special Needs in the General Classroom 2nd Edition	$24.97		
	Paquete de 10: Special Needs		$199.97	
	Transforming Anger to Personal Power	$23.95		
	Paquete de 10: Transforming Anger		$199.97	
	Umm Studying? What's That?	$15.00		
	Paquete de 10: Umm Studying?		$119.97	
	Memorization & Test Taking Strategies-Programa de entrenamiento de DVD	$895.00		
	Tarjetas de destello: Special Needs in the General Classroom	$7.95		
	Tarjetas de destello: Umm Studying... What's That?	$7.95		
	Cartel- MOODZ: Laminado 8 1/2" x 11"	$4.95		
	Cartel-MOODZ: Coverstock del lustre 18" x 24"	$9.95		
	Cartel-Feed The Future One Drop at a Time 15" X 11" (standard size)	$9.95		
	Sistema del cartel-Response to Intervention	$29.95		
	CD del recurso: Ready-Made Forms & Tools 2010	$9.95		
	Notas Pegajosas: "Best Ideas"	$2.50		
	Inscrito:			
	Inscrito:			
	Inscrito:			
			Subtotal:	
	*Los carteles grandes requieren el envío debido a los anuncios publicatarios del tubo		**Envío Y Manejo**	
			Total:	

La porción abajo debe ser completada o su orden no sera procesada

☐Cash ☐Cheque ☐Visa/MC

Visa/MC#______________________ Exp: Fecha________

Haga los cheques pagaderos a Susan Fitzell

Notas:

www.ingramcontent.com/pod-product-compliance
Lightning Source LLC
LaVergne TN
LVHW080925110826
845155LV00039B/216

* 9 7 8 1 9 3 2 9 9 5 1 3 8 *